北大教授茶座

第三辑

杨辛 题

北京大学学生工作部 组编

宁琦 主编

北京大学出版社
PEKING UNIVERSITY PRESS

图书在版编目(CIP)数据

北大教授茶座.第3辑/北京大学学生工作部组编;宁琦主编.—北京:北京大学出版社,2024.6.

ISBN 978-7-301-35135-2

Ⅰ.C53

中国国家版本馆 CIP 数据核字第 2024BC1130 号

书　　　名	北大教授茶座(第3辑) BEIDA JIAOSHOU CHAZUO(DI-SAN JI)
著作责任者	北京大学学生工作部　组编　宁　琦　主编
责任编辑	武　岳
标准书号	ISBN 978-7-301-35135-2
出版发行	北京大学出版社
地　　　址	北京市海淀区成府路 205 号　100871
网　　　址	http://www.pup.cn
新浪微博	@北京大学出版社　　@未名社科-北大图书
微信公众号	北京大学出版社　　北大出版社社科图书
电子邮箱	编辑部 ss@pup.cn　　总编室 zpup@pup.cn
电　　　话	邮购部 010-62752015　　发行部 010-62750672 编辑部 010-62753121
印　刷　者	北京中科印刷有限公司
经　销　者	新华书店
	880 毫米×1230 毫米　A5　9.875 印张　190 千字 2024 年 6 月第 1 版　2024 年 6 月第 1 次印刷
定　　　价	72.00 元(精装)

未经许可,不得以任何方式复制或抄袭本书之部分或全部内容。
版权所有,侵权必究
举报电话: 010-62752024　电子邮箱: fd@pup.cn
图书如有印装质量问题,请与出版部联系,电话: 010-62756370

编委会

北京大学学生工作部　组编

主　　　编：宁　琦

执行主编：户国栋

副　主　编：俞荔琼　田　丽　王欣涛　王宜然　朱俊炜
　　　　　　吴平凡　刘蓝予　张　烨

执行副主编：张丽晨　房雯婧　陈　卓　张　弛　王楚笛
　　　　　　张宗宇

委　　　员：（按姓氏笔画排列）
　　　　　　马启为　王子涵　王祎勋　王石侬侬　文云昊
　　　　　　朱光宇　朱思颖　伍雪怡　刘健舒　李江涛
　　　　　　李宣颖　李锦韬　张　弛　张紫薇　钟　蕊
　　　　　　侯伯远　贾　璇　高子妍　黄　艳　曹彦磊
　　　　　　曾婉翔

序　言

　　国家之魂，文以化之，文以铸之。习近平总书记提出"在新的起点上继续推动文化繁荣、建设文化强国、建设中华民族现代文明"这一新时代新的文化使命，为高校加快建设与我国深厚文化底蕴和丰富文化资源相匹配的育人格局提供了根本遵循。党的十八大以来，北京大学始终牢记习近平总书记的殷切嘱托，在大力推进"双一流"建设的进程中，坚持把立德树人作为中心环节，始终坚定历史自信、文化自信，坚守中华文化立场，传承中华文化基因，深入挖掘学校优质教学资源，充分发挥北大学科人才优势，推出了一批既有政治高度和情感温度，又有学科宽度和理论深度的精品项目，更加鲜明地体现了中华民族文化主体性。北京大学学生工作部于2014年3月25日推出的"北大教授茶座"就是其中的代表作品。

　　"北大教授茶座"是学校进一步健全多维度、宽口径、厚基础的"三全育人"体制机制的重要探索，是拓展"大思政"格局的一次全新实践。"茶座"于传统的"第一课堂"之外另辟蹊径，邀请北大知名教授分享其成长经历与治学体悟，与青年学生共话科学精神和人文素养，解答学生的人生之惑和时代之问，在轻松温馨而又深入心扉的师生互动过程中教育、引领、感染和熏陶青年学子。突出北大之"大"、青年之"学"、教授之"博"、茶座之"雅"，将价值塑造、能力培养、知识传授"三位一体"的教育理念贯穿其中，是"茶座"的鲜明特色。

"茶座"以北大之"大"为支柱，兼容并包。北大之大不仅在于校舍之宏伟、风物之绮丽，更在于思想之自由、胸怀之广大。百余年来，"思想自由，兼容并包"的精神在北大发荣滋长、生生不息。"茶座"名家荟萃。在"茶座"，不同领域的专家学者，以千种博论、万般视角解读千古名篇、漫谈中西古今、探寻生命真理、领悟创新源泉。"眼底未名水，胸中黄河月"的情怀流淌在每一代北大人的心中，"爱国、进步、民主、科学"的传统早已成为北大的不朽灵魂。在"茶座"，谈学术，更谈人生，既发扬潜心治学、笃行求真的学人气质，也传承与国家同呼吸、与民族共命运的精神底色。

"茶座"以青年之"学"为导向,励志言思。"用问题答问题""用学术启学术""用人生谈人生","茶座"不同于常规授课与讲座,名家学者与同学们围炉品茶、促膝谈心,从对学术初心的找寻到矢志不渝的坚守,从年少懵懂的莽撞至历尽千帆的从容,从求索征程之沉潜论及家国天下之大义。"大鱼前导,小鱼尾随,是从游也",教授的学者风范、长者气度在青年的心中春风化雨,为在学术道路、人生之路上孜孜以求、奋力前行的后辈点亮一盏明灯,指明前行之路。

"茶座"以教授之"博"为肌理,通才达识。"师者,人之模范也。"2018年5月,习近平总书记在北京大学考察时强调:"人才培养,关键在教师。教师队伍素质直接决定着大学办学能力和水平。"北大广聚英才而用之、善任英才而成之,海纳百川、博采众长。"茶座"以此为基础,充分发挥北大雄厚师资力量的优势,邀请多领域专家学者,打造沉浸式交流平台。教授们博古通今,以充足的知识储备引领参与的学生针对特定主题展开深入、全面的讨论。从科研创新到文化传统、从学术热点到民生所系、从人生命题到时代责任,帮助学生深入了解北大学者的治学经历,充分领略前辈大家的人生风采,增长专业知识、提升人文修养、领悟人生哲理。

"茶座"以茶座之"雅"为体韵,论今谈古。"茶之为饮,发乎神农氏。"中国茶文化源远流长、博大精深,品茶品味品人生的习惯深深印刻在中国人的文化记忆中。"茶座"从传统文化中汲取创意,将会场巧置为温馨的茶室,教授与学生围坐其间、谈天论地、畅所欲言。一方茶座即一方雅兴,把盏品茗,操持雅好,思绪在茶香中融合,思想在味蕾中共鸣。师生共饮一壶清茶,以茶表德论道,传道授业解惑便不再是枯燥的"填鸭式"教育;师生共赴一场茶叙,以茶养性明志,修身齐家治国便转化为具体的使命担当。

半盏清茶,品茗对谈,"茶座"发生于一阁之间,教授的治学箴言却不应随茶香飘散,而应惠泽社会、启发世人。自项目启动以来,已有包括两院院士和长江学者在内的115位知名教授做客"茶座"。学生工作部定期整理"茶座"内容,精心提炼其中的"微语录",并通过"燕园学子微助手"微信公众平台向校内外及时推送"茶座"精华;2016年、2022年又先后结集出版了《北大教授茶座(第1辑)》《北大教授茶座(第2辑)》,使更多人从北大教授与燕园学子有关学术追寻、社情民生、人生哲理的探讨中汲取精神养分。

聚水成涓,涓涓不壅,终为江河;集人成事,事事有恒，必能大成。让我们倍感欣喜和振奋的是，在全国上下喜迎中华人民共和国成立75周年之际，学生工作部在前期工作的基础上，再次择精华而聚美文，在北大出版社的支持下推出《北大教授茶座（第3辑）》，将更多新的"茶座"精华收录其中，内容丰富、图文并茂。本辑分为三部分：

一、**学有所长，术有专攻**。发挥"学有所长，术有专攻"的特色，"茶座"建立育人创新机制，谈学论道。收录于此部分的文章，着眼于教授自身所从事的学术研究，或将业界最前沿的成果深入浅出地展现于世人眼前，或将自己多年钻研下的珍贵心血悉数娓娓道与听者。教授所言，虽学术却非乏趣，虽专精却非艰涩，虽易懂却非浅显，我们在此中行行文字之间实可尽览北大通识教育之智慧、综合学科之风采，又将深感于学术的魅力，反叩心门回归最初对知识本身的渴望。

二、**业精于勤，上下求索**。发扬"业精于勤，上下求索"的精神，"茶座"引导青年各从其志，无问西东。收录于此部分的文章，以教授们苦心孤诣、皓首穷经的求学经历与学术经验为主线，希望给正在学术探索征途上的后辈以激励和指引。千百次碰壁却浇不灭心中渴求真理的火苗，重重的迷雾中也能通过蛛丝马迹找寻正确航向，看似孤寂的冷板凳却使专注发挥出最大能量。教授们云淡风轻的话语背后是一场场与谬误的鏖战，是一个个颤动社会的发现，是一张张问心无愧的答卷，是在告诉每一个走在同一条路上的人——你，并不是孤军奋战。

三、未名博雅，家国天下。传承"未名博雅，家国天下"的使命，"茶座"培养青年责任意识，无忘山河。学学问以济世，执一笔为天下。五位教授对自己心中的北大精神做出诠释，讲述北大人于社会、于国家、于世界责任之感悟，引导青年学生理解自身既是求真问学之学子，又是担当大使命之栋梁。知行合一，以知促行，学以致用，教授的谆谆教诲引导我们将自身专业底色熔铸贯通于实践的每个环节，在强国建设、民族复兴的征程中成为有格局有气魄的栋梁之材。

文化兴则国家兴，文化强则民族强。新时代的伟大事业需要我们接续奋斗、久久为功。以文化人，希望读者们能将终身学习作为一种贯穿人生旅途的生活方式。习近平总书记指出："学习是文明传承之途、人生成长之梯、政党巩固之基、国家兴盛之要。"问渠那得清如许？为有源头活水来。要想修炼好自我成长这个终身课题，就要坚持将学习和思考作为一种自觉的追求，将奔跑和攀登作为一种人生的常态，不断培养勤学的习惯、善学的能力，塑造虚怀若谷、不耻下问的姿态，以学修身，明德正心。当前，全球新一轮科技革命与产业变革加速演进，新技术、新概念、新产品层出不穷，新产业、新业态、新职业不断涌现，这些都要求我们主动加快知识更新、优化知识结构、拓宽眼界视野，锤炼与时代同行共进的过硬本领。新时代新征程上，亟待我们激荡新气象、成就新作为，以实践的奋进姿态让终身学习的习惯在全社会蔚然成风，不断涵养尊重知识、崇尚学习的社会风气，构建真正"人人皆学、处处能学、时时可学"的学习型社会。

文以载道，希望读者们能在阅读中厚植家国天下的情怀与担当。家国同构的观念深深植根于我们的民族血脉，是中华优秀传统文化的核心理念之一，是中华儿女国家认同、民族认同、文化认同的情感基础，也是实现中华民族伟大复兴的精神动力。作为新文化运动的中心和五四运动的策源地，北大一直同国家的前途命运紧密相连，爱党爱国是一代代北大人始终如一的精神底色。因此，"茶座"的讲授者不仅有扎实的理论功底和教学能力，更有浓厚的家国情怀和使命担当，他们是学问渊博、"鱼""渔"并授的"经师"，更是触动心灵、引领价值的"人师"。人无精神则不立，国无精神则不强。我们要传承好这种心怀"国之大者"的境界与追求，发扬好这种潜心耕耘、坚毅前行的精神与志气，深怀爱国之心、砥砺报国之志，主动担负起时代赋予的使命责任，汇聚成实现中华民族伟大复兴的不竭动力。

本书编委会
2024 年 5 月

目录

学有所长,术有专攻

003　以坚定之心,守护生态大美 / 吕　植
027　博学、审问、慎思、明辨、笃行 / 孙玉文
043　学术与心灵之镜 / 唐士其
065　从人工智能角度解读"千古一赋" / 朱松纯

业精于勤,上下求索

087　拥抱不确定性,摆脱同行者压力 / 段慧玲
103　选择与初心 / 李　彦
125　推动创新遍地开花 / 潘　维
139　胸中书传有余香 / 孙来斌
167　自信与创新的良性循环 / 王世强

未名博雅,家国天下

187　我对北大的诠释 / 曹文轩

211　法律人的社会责任 / 车　浩

237　经济学者的人文关怀 / 王跃生

265　我所理解的北大精神 / 燕继荣

285　北大与世界,学术与人生 / 张海霞

学有所长，术有专攻

以坚定之心,守护生态大美

吕　植

吕植,北京大学生命科学学院及生态研究中心教授。现担任北京大学自然保护与社会发展研究中心执行主任,山水自然保护中心发起人,中国女科技工作者协会副会长,联合国生态修复十年(2021—2030)顾问委员。主要研究领域包括动物学、生态学、保护生物学、生物多样性保护等。多篇学术论文、文章被收录至 Nature、Science 以及 National Geographic 等著名期刊。获"中国十大杰出青年"称号、"全国环境保护杰出贡献者"称号、"中国青年女科学家奖"等,参与编写的图书获全国优秀科技图书奖一等奖。

利己、利他

利社会、利自然。

吕植

2021.10.29

"为地球谈判"

吕植：感谢大家周五下午过来一起谈论我们人类跟地球的关系。这一期讲座开始宣传的时候，我拟定的题目是"与地球谈判"，后来想想不对，应该是"为地球谈判"，因为这才是我们要谈论的实质。

实际上，二者的主体是不一样的。"与地球谈判"的主体是人，现在我们要转化成"为地球谈判"，其主体是地球。"谈判"指的是联合国《生物多样性公约》第十五次缔约方大会（COP15）上谈的"2020年后全球生物多样性框架"。它跟我们每个人都相关，但是非常遗憾的是，如此重大地影响着人类未来发展轨道的重要决策，我们普通人却很少了解。其实很多大的全球进程普通人也有参与的机会，这个框架的草稿是在网上公布了的，每个人都可以提反馈意见。我有幸作为观察员观察到了这些过程，因此也非常想让大家了解这个过程。

我先简单介绍一下COP15是什么。COP是"conference of the parties"（缔约方大会）的缩写，"parties"是《生物多样性公约》的缔约方，也就是签署方，一般由各国政府代表。COP15就是缔约方的第15次大会。这次大会之所以特别重要，是因为这次大会要出台"2020年后全球生物多样性框架"。

2021年10月在昆明召开的第一阶段会议上，缔约方首先表达了我们要扭转生物多样性下降趋势的意愿。其中，最重要的是人类发展需要转型。意愿的表达只是第一步，后面关于框架的具体内容需要进行很多次谈判。非常重要的一点是，中国是COP15的主席国，承担很多责任，要负责协调、主持会议、做决定、做判断，这是非常严肃、非常重要的责任，这是我们争取来的。我国在多年的生物多样性保护历程中，经历了重重困难，而我国所面对的各种情况，恰恰是全世界共同面临的问题。中国幅员辽阔，贫困的地区、中等（富裕）的地区、富有的地区都有，我们如何解决区域平衡的问题，对于世界范围内的不同国家的组织协调、共同解决差异或者不平等的问题都可以提供借鉴思路，我国也乐于将治理经验分享给世界。所有参会代表在这个会议上都要发言表态，即缔约方对于2020年后的全球生物多样性框架有什么看法，认为我们最应该关注什么问题。所有人都表达了一个共同的愿望，那就是我们认同人类必须转型，要扭转现在生物多样性下降的趋势。

这就有必要介绍一下生物多样性的状况以及《生物多样性公约》的情况。20世纪70年代起，环境议题逐渐成为全球的共同议题。进入工业革命以后，人们在发展的过程中逐渐脱离了与土地的紧密联系。人们对自然的态度也有所区分，主要分为以下几类：有的认为自然本身就有价值，其他物种具有与人类平等的生存权；但更多人认为，人类已经有超过其他物种的智慧,所有物种之间的完全平等是做不到的。

那么在这种情况下,人类怎样对待自然、对待其他生命,可能确实是一个需要谈判的过程。所以,我一开始定的题目是"与地球谈判"。但是这个说法既对又不对,因为地球本身就是支撑我们生活、发展的基础,是生命的基石,我们跟它没有什么谈判的条件,我们只能尊重它、呵护它。也就是从另外一个意义上说,不存在谈判的问题。

从这里可以看出,我们正在面临的一个核心问题,就是人类跟自然究竟是什么关系:是人类与自然要平起平坐地谈判,还是人类要尊重自然、顺从自然?我们提倡的生态文明方案,很清楚地表达了"尊重自然、顺应自然、保护自然"的态度。我们国家也提出了要"建设人与自然和谐共生的现代化"的发展目标。

《生物多样性公约》和全球环境保护史

吕植:再说回《生物多样性公约》和全球环境保护的历史。

从 1972 年联合国的第一次环境大会——"人类环境会议"开始,环境保护问题就进入了联合国的议程。工业化发展带来的各种环境危机、公共事件引发的人们的担忧,使得保护环境变成了一件必要的事情。

70年代召开了人类环境会议以后,联合国于1983年通过了成立世界环境与发展委员会的决议。这个委员会后来出版了一本影响全球的小册子,名字是《我们共同的未来》。当时提出的我们对未来的畅想、我们共同的未来、我们需要做的事情,到今天都没有过时。换句话说,当时提出来的一些想法到今天仍未能实现。

1992年,联合国在巴西里约热内卢召开了环境与发展大会,即地球峰会。这次大会框架下产生了三个公约——《生物多样性公约》《联合国气候变化框架公约》《联合国防治荒漠化公约》。我国均为第一批签署方。《生物多样性公约协议文本》的通过日期是1992年5月22日,所以每年的5月22日就被定为"国际生物多样性日"。而实际上,同年6月5日,《生物多样性公约》才开放签字,1972年人类环境会议的开幕日期也是6月5日,它也因此被定为"世界环境日"。

自此以后,类似文件相继出台。2002年,《生物多样性公约》第六次缔约方大会上,签署方承诺到2010年显著降低生物多样性丧失的速度。但该承诺到2010年未能实现,于是COP10又制定了20个2011—2020年的生物多样性目标("爱知目标")。截至2020年,这些目标仍然没有全部实现。

在过去的两三年中,有许多研究致力于分析到底为什么没有达成这些目标。有观点认为,是三个因素导致了目标的落空：第一，目标制定得不够有雄心，一个平淡无奇的目标无法得到大家的重视。第二，任务目标本身不明确，没有提出清晰明确的指标要求。第三，没有足够的保障措施，例如保护所需的资金支持不到位。

如果生物多样性减少的趋势继续下去，到2030年有很多系统就要崩溃。所以未来的十年是特别关键的。因此，COP15要制定这样一个框架，希望在2030年前彻底逆转生物多样性减少的趋势，在2050年实现人与自然和谐共生的愿景，这也是《生物多样性公约》的总体愿景。

2012年，联合国成立了生物多样性和生态系统服务政府间科学政策平台（IPBES）。2019年，IPBES发布了《生物多样性和生态系统服务全球评估报告》，该报告第二次全面地对地球生态系统进行了系统性评估，并且评估了生物多样性减少的原因，提出了一些改善建议。就报告的总体结论，我谈以下两点。

第一，气候变化和生物多样性具有紧密联系。我们仍未确定地球上有多少个物种，据推算有800万到1000万的物种，其中100万种现在处于灭绝的边缘。整体上来说，生物多样性减少的速度比以前要快，其中两栖动物的减少比例较高。气候变化又使生物多样性减少的问题雪上加霜。我们之所以要防止气候突然升温1.5℃或2℃，是因为生态系统有一个临界值，所有的生命经过千百万年的演变适应了地球的生存环境，要在几十年内改变它的习性和生存规律几乎是不可能的，那么地球上的植物和动物就可能越来越少，少到一定程度地球生态系统就会崩溃。因此，气候变化现在成为我们关注生物多样性减少的一个非常关键的点。气候的剧烈变化会导致生态系统的崩溃，而生物多样性的减少会导致地球吸收二氧化碳的能力降低。植物通过光合作用吸收二氧化碳并产生氧气，而地球上的植物只能吸收人类排放出来的二氧化碳总量的60%。如果没有这些植物的话，地球会更快升温。如果在地球上毁掉一片森林，那么地球吸收二氧化碳的能力就会下降一分；下降一分，地球升温就快一分；而升温快，又会加速地球崩溃。

所以现在的目标是把地球升温幅度控制在1.5℃以内，实际上已经控制不住了，目前全球温度已经上升1℃了，并且还在持续上升。我们说的2030年前碳达峰就是达到那个最高值然后往下降。所以今后10年的峰值有多高，就决定了后面要降的难度有多大。

第二，耕地是我们人类粮食生产的基础，人口增加，意味着我们需要更多的耕地。耕地是怎么来的？一部分是从森林或者湿地开发出来的。对森林和湿地进行开发就相当于把破坏大象、熊猫等动物的栖息地作为给我们提供粮食的代价。这就是为什么不能浪费粮食，因为浪费的是别的物种生存的机会。

毋庸置疑的是，直接的资源利用是需要控制的。为什么"爱知目标"实现不了？其实就是大家不够重视，大多数国家的政治意愿不够，企业也不够重视。所以现在我们要改变过度利用资源的行为，这需要从根本上来改变。为了发展经济必须得利用自然资源，但我们高度依赖自然资源，自然资源被破坏以后，经济就会受到负面影响。实际上，自然代表了一种更好的生活，更好的自然代表了更好的生活潜力、更好的资源。现在，我们很多人都在利用自然资源，包括我们在利用地球吸收我们排放的物质。如果自然资源不够了，人类的经济首先要受到冲击。

所以，生物多样性危机就是经济发展的风险。这次在COP15上，有些国家首脑提出"自然是经济的核心"。有一名青年代表的发言深得我心，他认为"生命的基石应该优先于营利"。这句话我非常赞同，我们必须实现价值观的改变。

生物多样性保护与经济发展

吕植：原来是自然保护学家、生物学家在说保护，经济学家在谈发展，二者本来是看似没有交集的两条平行线，现在开始出现了交集，经济学家在谈"生物多样性危机为什么是经济发展的风险"。世界经济论坛在2021年《全球风险报告》中对风险进行评估，列出的高风险内容全是关于环境的。世界经济论坛从2006年起每年发布《全球风险报告》，从历年已发布的报告中可以看出，人们对环境问题越来越重视，对环境的关注度越来越高。我觉得这一方面是因为环境危机日益严峻，更重要的一方面是人们的认识在改变，人们逐渐认识到了自然的重要性。

还有一个维度，就是刚才说到的经济与自然的关系。提到保护自然，有人会说："我做不到，因为我穷。"但正是因为你不保护自然，你就越来越穷。我们人类要发展，同时要保护自然环境。二者哪个优先，这不仅是国家首脑要做的决策，其实也是我们每个人每天都面临的抉择。因为我们每个人每天利用的资源都是从自然中来的。

生物多样性与人类的健康也有直接的关系。我们在说到一个人的时候，我们想到的是他长什么样、身材怎么样、多高、穿什么衣服，或者说话怎么样。但是他体现出来的这些并不能完全代表这个人，实际上还有一些看不见的东西也是他的组成部分，比如他身上有成千上万种与其共存的微生物。越来越多的研究表明，人体寄生的微生物的多样性和种类，与我们的健康特别是免疫系统有着千丝万缕的联系。比如，人的肠道微生物群本身就是一个生态系统，与我们吃的东西和周围环境的生物多样性有很大的关系。但是，在城市化、工业化的进程中，环境的多样性逐渐被破坏，环境逐渐趋于简单化。

可持续发展目标的落空与实现

吕植：在 2000 年的千年首脑会议上，联合国各会员国商定了八项目标，即"千年发展目标"，其中有一条是"确保环境的可持续能力"。2015 年 9 月，联合国各会员国在可持续发展峰会上正式通过了 17 个可持续发展目标，以在 2000—2015 年千年发展目标到期之后继续指导 2015—2030 年的全球发展工作。在 17 个可持续发展目标中，好几个都与环境问题直接相关。由此可见，国际社会对环境的重视程度与日俱增。

可持续发展目标中有一条是"负责任地消费和生产"，这句话说起来容易，做起来却很难。什么是负责任呢？就是你要想到别人，不能光想到自己。利己这个事情是人性，难的是利他、利众、利地球、利其他物种的生命。但反过来说，利他也是最大的利己，因为长久来看，一个人的基因能不能延续下去，其实取决于这个地球还在不在。利己和利他实际上并不冲突，本质上是短期利益和长远利益。

回过头来看"爱知目标"，回到谈判的话题上。前面谈到的是一些整体性的目标，涉及把生物多样性纳入国家政策，纳入生产和消费。但是具体怎么做，其实没有仔细说。所以这个目标在各个国家最终实现的程度是：有不好的，有凑合的，也有比较好的。

《生物多样性公约》现在已经有196个缔约方，有几个国家没签约，其中就包括美国。当然美国不签约并不是说它反对生物多样性保护，我认为更重要的原因是其国内没达成一致，比如惠益分享。关于生物多样性的《名古屋议定书》主要涉及生物多样性遗传资源和惠益共享，比如企业如果利用生物多样性资源，特别是原住民的传统知识，从中受益了，那么就需要与生物多样性原产地和传统知识产权的拥有者共享惠益。全球的药企分布最广的可能是美国的，药企生产运营要利用很多传统知识。保护自然没人反对，但是如果保护自然与自己利益有冲突，就有人不同意了，这就变成需要谈判的事情。

生物多样性减少趋势的扭转之道

吕植：我们要扭转生物多样性减少的趋势，到底要做哪些改变？我想请大家关注一下，就是到底提出保护多少的目标是足够的。"爱知目标"提出"到2020年，至少17%的陆地与内陆水域以及10%的海岸与海洋"得到保护；而"2020年后全球生物多样性框架"提出，要"确保全球至少30%的陆地和海洋地区，特别是对生物多样性及其对人类的贡献特别重要的地区，通过有效和公平的管理得到养护，具有生态代表性和连接良好的保护区系统和其他有效的区域保护措施，并融入更广泛的陆地景观和海洋景观"。任何保护措施和行为都以"有效"为前提。除了保护，还要恢复，即已经被破坏的地方需要恢复起来。另外，要"减少各种来源的污染，使其降低到对生物多样性、生态系统功能和人类健康无害的水平，包括将流失到环境中的营养物至少减少一半，杀虫剂至少减少三分之二，并消除塑料废弃物的排放"。

还有一点可能比较重要：既然气候变化和生物多样性密切相关，那么应对气候变化和保护生物多样性是要同时进行的。除了强调可持续性以外，还要强调保护原住民和地方社区的传统可持续利用方式。原住民，实际上是保持着工业化之前的生活方式和资源利用方式的一些人。在工业化之前，怎么利用土地、怎么利用水、怎么利用资源、怎么打猎、怎么采摘、怎么收获粮食，都是有一套规矩的。但是后来的工业文明也好，现代化进程也好，把原来的那套规矩打破了，又没有建立一种新的可持续利用资源的方式。因此，"2020年后全球生物多样性框架"提出："确保相关知识，包括原住民和当地社区的传统知识、创新和做法，在他们自由、事先和知情同意的情况下，指导有效管理生物多样性的决策，促进监测，并促进认识、教育和研究"；"确保原住民和当地社区公平有效地参与有关生物多样性的决策，尊重他们对土地、领土和资源的权利，并尊重妇女和女孩以及青年的权利"。

"爱知目标"关于以上目标的描述还是比较笼统的，而

"2020年后全球生物多样性框架"就写得比较具体,更多的条目是放在"实施和主流化的工具和解决办法"里。关于"实施和主流化的工具和解决办法"中的内容:第一,前面的几条涉及价值观——生命的基石应该优先于营利,这是"大好处",眼下的好处是"小好处"。应把这样的价值观纳入各级的政策。第二,对所有的企业都有具体的要求,每个企业都要评估自己对生物多样性的影响。实际上,我已经看到有一些企业每年都在报告自己对水、对气候变化、对生物多样性到底产生了什么样的影响,甚至把这个影响纳入部门的绩效评估。第三,针对个人,鼓励人们在顾及文化偏好的同时,做出负责任的选择。也就是说,每个政府、企业、个人,在价值观上都要考虑自己带来的生物多样性的影响,把过度消费至少减少一半。其中,我尤其想谈谈粮食问题。我们餐桌上浪费了太多粮食,看看我们大学食堂里,浪费的粮食也是不少的。以后在买饭的时候要想一想,你浪费的一口饭可能是别的生物生存的一片空间,因为生产粮食是要破坏森林的,耕地是从原始森林或者湿地开发出来的。事实上,全球每年约三分之一的粮食被损耗和浪费了。而我们要在避免浪费粮食的同时,保障原住民和地方社区,以及妇女、女孩以及青年的权益。

最后,怎样才能实现这些目标呢?实际上我们最终需要改变的,就是我们关于生物多样性的价值观。也就是说,我们要保护自然、恢复自然、减少威胁,最重要的是要改变我们的生产和消费。

在保护自然中创造价值

学生:吕老师好,我了解到现在四川卧龙大熊猫自然保护区已经把其区域内的生物多样性减少的趋势遏制住了,当地正在尝试扩大这个自然保护区的范围,并且准备把培育出来的熊猫送往张家界管理和保护。在古代,张家界也属于熊猫的生存范围,我觉得这是中国非常了不起的成就。但在这几天的实践中,我感受到了卧龙珍贵的自然资源带来的学术价值和给当地带来的经济价值之间的割裂感。这样宝贵的自然资源并没有为当地的居民带来更多的收益,没有使他们的生活水平达到一种令人满意的、可持续发展的状态。我想请教您:在自然遗产教育和利用中,学术价值和向大众普及的价值应该如何达到一种平衡?我们在学术研究中的专业知识,有多少是适合大众了解,而且也是大众需要了解的?还有一个问题是:我们如何在保护和利用自然遗产中找到平衡,我们有没有可能构建一种人与自然互利共生的文化景观?我也强烈感受到保护自然资源与创造经济价值有很强的共通性,也知道实现二者平衡的过程有多么曲折和复杂。老师讲到的很多公约,在实践的过程中会遇到很多不可抗力,导致公约提出的目标是没办法实现的。所以我想听听您对于自然遗产这些相关问题的思考和见解。谢谢老师！

吕植：核心问题就是自然是否能够为当地老百姓创造价值，在创造价值的过程中人们又如何保护自然，才能使得当地老百姓和自然拥有良性关系，而不是相反。保护自然中创造的不管是知识也好，还是研究也好，都是为了能够创造效益。

我给你举一个例子，北大校园里如果没有那些鸟，我们可能就会觉得这个校园失去了很多灵性，这就是我们想要的精神价值。而在三江源地区，雪豹与老百姓之间还有矛盾，它们会捕捉家畜来吃。我们后来跟三江源国家公园合作，为生活在保护区的每一户牧民，聘用一名管护员，负责日常的巡护、生物多样性的监测、收集监测数据等管护工作。对野生动物进行监测以后，人们对动物的习性越来越熟悉，这就是你刚才所说的知识。政府支持当地老百姓成立了一个生态旅游合作社，由国家公园授权特许经营，游客通过预约到这里参观雪豹。因为当地人对雪豹的出没时间很熟悉了，所以能保证游客在参观的时候，至少有一半的时间能看到雪豹。再将游客参观雪豹产生的收益与老百姓分享。这是一个实际的例子。

在实施具体保护措施的过程中，首先要认识到老百姓在保护中的作用，这跟当地的佛教文化有关系。佛教讲究众生平等，尊重自然的理念跟保护是相匹配的。所以对于老百姓来说，保护野生动物并不是难以接受的，他们也愿意参与这些保护的工作。保护的工作是有价值的，这个价值由国家公园进行支付。既然我们要花钱进行保护，干吗不把这个钱花到老百姓身上去呢？一举两得。在创造了这些知识后，还可以把知识用在老百姓身上，用在老百姓获益上面。

学生：吕老师您好，我是学自然地理专业的，现在做的本科生科研就是全球生态系统评估体系的完善。想请教您：全球生态系统评估体系有基于功能的，也有基于进化的，您觉得有没有一个评估体系能实现不同评估体系之间的平衡？

吕植：不需要找到平衡，实际上就是给一个高低的范围，最终是决策者的选择。这是动态的，所以我觉得没必要拘泥于或者纠结于具体的数字，我个人认为这不重要。评估后所产生的那些机制可能才是更重要的，我们应该想想怎样把它们融入政策。当然在目前这个阶段，数字还是重要的，比如说碳达峰，把它分解成多少当量的二氧化碳，每个企业、每个行业到底要承担多少，最终还是要有这样的目标的，否则的话就没人去行动了，不能都等着大家突然某天醒悟过来，这是不太可能的，所以是一步一步来实现目标的。但是严格来说，这是个动态的数字。

学生：我们知道现在"双碳"很火。2021年10月12日，北大新结构经济学研究院、北大国发院联合举办了

"生物多样性经济学圆桌论坛"。您觉得生物多样性经济学会不会成为下一个碳经济学,或者说目前我们用金融手段来进行碳估价以应对气候变化的这种模式,能不能够照搬于生物多样性的保护这方面?

吕植: 我大概介绍一下所谓的碳金融、碳经济。现在有一个碳排放的上限,如果说有一些企业或者地区达不到排放的目标,而另外一些企业或者地区很容易就达到了的话,那排放少的企业就可以将碳排放额度卖给那些无法进行减排的企业。这样就形成了一种交易,碳排放变成了一个商品,这是政策的限额造成的。此外,定价多少取决于供需关系。这是有关碳经济的一些比较浅显的说法。如果就生物多样性来说,现在很多国家都有目标,比如我们要恢复多少湿地,或者我们的湿地不能减少。但是有一些工程建设不可避免地会毁掉一些自然的栖息地,这就需要进行平衡,破坏了多少湿地你就得赔偿多少湿地,不是拿现有的湿地来赔,而是要有新的湿地才行,因为总量不能减少。所以有一些人就看到了这个商机,恢复自然湿地是需要时间的,他们可能会提前恢复一片湿地,并且在国家专门的注册部门进行注册,把湿地像存款一样储蓄起来。等到别人需要的时候,就会来买你的湿地额度,这也是一个自然恢复的融资手段。如果说我们的要求是恢复多少万公顷的森林或者湿地,那国家肯定是要出钱来做这件事的。但是如果有人早一点对此有所预测,用更便宜的方式把湿地恢复并存储起来,到时候再卖给政府,这就是融资的办法。

学生:老师您好,我想问两个问题。第一个问题是:发展中国家如何提升在全球环境治理中的话语权?第二个问题比较微观:应该用哪些手段来增强大众的环境保护意识,能够让他们积极地参与保护环境或者减少浪费的行动?我在网上看到一些博主,为了减少浪费,会自己去制作一些东西,也会买一些二手的衣服。还有一个博主,我看到一个小瓶子就够装他几个月产生的垃圾。这些视频让我有很大的触动。这种视频传播的方式,我认为就是一个比较好的增强大众环保意识的途径,想问一下老师还有没有其他更好的想法。谢谢老师。

吕植:我觉得传播的一个有效做法就是用实际的例子来展示给大家,别人是怎么做到的。像北大做校园的保护,现在好多学校说它们也可以做。这种影响力是特别实在的:别人能做,我为什么不能做?当然现在的自媒体工具很便捷,能够把信息传播到很远的地方,甚至是跨国界的。以前我们喊很多口号,比如写在墙上的"保护大熊猫,就是保护人类自己"。很多人问我:为什么说保护熊猫就是保护我自己?这种说教可能就很难达到保护的目标。我觉得其实就是刚刚提到的,要想让人转变意识,实际上首先要了解别人的需求是什么,这也呼应了你的第一个问题。因为生物多样性富集的国家大部分是发展中国家,光靠这些国家自己来承担保护的责任，肯定是做不到的，也是不公平的。比如我们想要雪豹生存下来，但是跟雪豹居住在一个区域的老百姓，他们养的牛羊天天被雪豹吃掉，他们是受损失的，这个责任和代价不应该由他们来承担，政府应该给他们发补贴，这个责任肯定是要分担的。在《生物多样性公约》里，有一条特别讲到对发展中国家的支持，这是全球共同的责任。之所以会形成一个全球的生物多样性公约，就是因为大家都得出力。COP15 上，习近平主席提出，中国将率先出资 15 亿元人民币，成立昆明生物多样性基金，支持发展中国家生物多样性保护事业。1992 年《生物多样性公约》出台以后，1994 年进行了全球环境基金重组，以更好地支持《联合国气候变化框架公约》和《生物多样性公约》的执行，主要就是发达国家出钱支援发展中国家。

学生：吕老师您好，我一直认为政治手段可以有效地推动环境保护。以粮食安全问题为例，假如我们可以建立一套和粮食浪费有关的税收体系，比如说多浪费多纳税、少浪费少纳税，这样的话不仅可以增强人们的环保意识，让人们对破坏环境产生痛感，而且可以用这些税收资金来促进环境保护事业的发展。

吕植：这对人们的意识确实是一种引导，不仅可以增强人们的环保意识，而且也行之有效。但是为什么现在很多政府都没有去实施这样的措施？这些措施实际上很多国家都有，不光是税收措施，还有罚款措施。最终体现的其实就是价值观，就是你认为这件事情有多重要。你说得很对，这些是可以做的。但是想一下为什么很多政府做不到，背后的原因是什么？还是因为不够重视。我们的违法成本太低了，罚款5万元、10万元、30万元，对于一个产值过亿的企业来说并不算什么。现在已经有企业把生物多样性足迹、气候的足迹、水的足迹纳入各个部门的绩效，并且与工资挂钩。对一家公司的核心业务里的采购、供应链、生产过程等每一个环节都应核算环境影响值，所有企业都应评估和报告它们对生物多样性的依赖和影响。这是可以做的。

学生：谢谢老师。在实践中，这么高的成本的承担者是生产者还是消费者呢？对于我来说，我在生活中很少会感受到不环保使我付出的代价，是不是现在更多的是生产者在承担这些成本呢？我认为，如果能够让消费者来承担一部分成本，就可以从源头上遏制污染和浪费。

吕植：目前的法律规定是生产者、消费者都要承担。消费者的选择决定了生产者的行为，所以不要忽视我们每一个人的消费行为。在一些欧洲国家的超市里，对每一个商品，都会标注它的碳排放量是多少，它的生产过程是不是可持续的，它的收获和资源利用是不是可持续的。这些商品可能会比别的商品价格高一点，但是消费者是在知情的前提下，自行选择是否购买。

吕植与学生合影

微语录

※ 自然是经济的核心。

※ 生命的基石应该优先于营利。

※ 人类的发展一直以消耗自然资源为代价，是时候回馈自然了。

※ 地球给人类提供了安全保障，健康安全的社会关系依赖生物资源。

※ 生态保护最大的矛盾在于如何平衡个人利益与公共利益，个人做决策时应以尊重他人权益为前提。

※ 人民利益在生态保护中具有重要意义。生物研究与

保护，要考虑人民利益的实现。

※ 生态保护离不开公众参与，只靠发展中国家来承担责任是不公平的。

※ 不存在人类与地球的谈判，因为地球本身就是支撑我们生活、发展的基础，是生命的基石，我们只能尊重它、呵护它。

※ 生物多样性，就是全部生命的总和，是数量，更是它的结构和功能。

※ 改变人类的生活轨迹和习惯是很难做到的，而我们正在努力做这件事。

博学、审问、慎思、明辨、笃行

孙玉文

孙玉文，北京大学中文系教授。现担任北京文献语言与文化传承研究基地学术委员会主任，中国训诂学研究会副会长，中国修辞学会副会长，中国音韵学研究会副会长。主要从事汉语史研究，侧重汉语音义关系和上古音研究。发表《从隋唐等早期注音看南北朝至隋唐的全浊上声变去声》《汉字音符的特点和作用》等论文200余篇；出版《字学咀华集》、《汉语变调构词考辨》（第十六届北京大学王力语言学奖一等奖、第二届全球华人国学成果奖等）、《上古音丛论》、《汉语变调构词研究（增订本）》、《汉语变调构词研究》、《天趣斋随笔》、《汉族汉语独立时期考》、《汉语音韵学讲义》等独著作品，参编《古代汉语经典精读》《中华文化基础教材》等多部著作。

博学之,审问之,慎思之,明辨之,
笃行之。

孙玉文
二〇二〇年十月三十日

解读《诗经》，需要溯源理解

孙玉文：在古代很多诗文喜欢用《诗经》的典故，但是我觉得对有些用典的注释存在问题。以前人教社的中学语文教材，温儒敏老师托我来审，审了以后我觉得有些注释不太合适。2020年9月人教社又要我提意见，我也讲的是典故注释的问题。《诗经》在汉代以后实际上是"毛传、郑笺"受重视，一直到唐代，在训诂上没有多大的分歧。到了宋代以后，宋人喜欢出点新意，开始对《诗经》有一些不同的解释，比如朱熹的《诗集传》。20世纪初以来，对《诗经》的解释五花八门，比方说《秦风·蒹葭》原来是讲这个国家需要由贤才来治理。可是后来《蒹葭》成了流行歌曲，就变成了爱情诗。现在大家都把它理解为爱情诗。我就想：如果古人要用这个《诗经》的典，他们会怎么样用呢？比方说唐人用《诗经》的典，他不可能知道宋人有什么解释，也不可能知道闻一多先生有什么解释。他只能是根据他的理解来解《诗经》。他的理解是哪儿来的？是从"毛传、郑笺"那儿来的。所以即使"毛传、郑笺"有错，古人一般也会根据其错误理解去用典。如果你要做注释的话，就要根据"小序"，而不要根据我们后人的理解，特别是20世纪的理解，因为古人不知道他们后人的解释。我觉得我们在解释《诗经》的时候，喜欢用我们今天的理解去解释《诗经》的典，这就跟古人的理解对不上了，所以我们的注释当中就存在着不少的问题。

我讲几个例子。一个是曹操《短歌行》中的"呦呦鹿鸣，食野之苹。我有嘉宾，鼓瑟吹笙"。这是用了《诗经》的典，有注释是这样注的："《鹿鸣》是欢宴宾客的诗篇，作者在这里表达自己期待贤者、招纳贤才的热诚。"这个注释是不太准确的。《小雅·鹿鸣》说是"欢宴宾客的诗篇"没有错，但是并不准确。曹操是根据前人对《诗经》主旨的主流看法来使用这个典的——不仅表达了欢宴宾客，还表达了君主借此想笼络宾客为国家出力。所以"小序"说："《鹿鸣》，宴群臣嘉宾也。既饮食之，又实币帛筐篚以将其厚意，然后忠臣嘉宾得尽其心矣。"应该把这个注出来。

《诗经》其实在汉代的时候就不大容易读懂，所以才有"毛传、郑笺"注释。而我们看今天地下挖掘出来的那些《诗经》，比如阜阳汉简、安大简，它们没有注释，这就相当于我们搞白文的本子，不是最好的本子。今天传承的《诗经》比较好，有"毛传、郑笺"注释，中间还有"大序""小序"，这些有用的都要注出来。因为曹操所处时代郑玄的笺注就已经有权威地位了，他是根据郑的注释来理解《诗经》的。我们今天对《诗经》的很多注释不准确，如果注释，一定要抠"毛传、郑笺"。如果是清代人用典，有可能还要看朱熹的注释，因为朱熹在清代已经产生影响了。但有一点，你不能用我们今天的角度去理解。

举一例:"青青子衿,悠悠我心。"(《郑风·子衿》)有人注释:"原写姑娘思念情人,这里用来比喻渴望得到有才学的人。"这个注释的逻辑颠倒了,因为"渴望得到有才学的人"是原来的理解。所谓"姑娘思念情人"才是我们后人的理解,这种理解还没有超过 200 年。这就是注释不妥当。

再比方说曹丕的《燕歌行》中有"明月皎皎照我床,星汉西流夜未央"。"夜未央"是用了《小雅·庭燎》的"夜如何其?夜未央,庭燎之光"。对"夜未央","毛传、郑笺"理解为"尽";今天有人解释为"中央","夜未央"即夜还没到一半。但曹丕是三国时期的人,他不知道我们后人有新的解释,即便解释有错误,他应该也是根据错误的理解来用典的。你可以说"夜未央"指的是"夜未尽",或者说今人认为"央"字是"一半",但曹丕只可能理解为"夜未尽"。所以,即使古人理解错了,我们也要保守一点,采用错误的解释。我们中文系 20 世纪 50 年代编纂、60 年代出版的《魏晋南北朝文学史参考资料》,就选了《燕歌行》,将"央"解释为"中央",这是采用了后人的解释。

再比如说向秀的《思旧赋》中的"余逝将西迈,经其旧庐",用的典是《魏风·硕鼠》的"逝将去女,适彼乐土。乐土乐土,爰得我所"。对"逝将",郑玄说"逝,往也。往矣将去女"。后世如清代朱骏声认为"逝"假借作"发誓"的"誓",还有清代王引之认为"逝"是语气词,这都是后人的理解。但向秀应该还是按照郑玄的解释用典的。

还有苏轼的《赤壁赋》,是写我老家黄州赤壁的,赋中有"纵一苇之所如,凌万顷之茫然。浩浩乎如冯虚御风,而不知其所止;飘飘乎如遗世独立,羽化而登仙"。"纵一苇之所如"用的典是《卫风·河广》。王力先生的《古代汉语》明确注明用的典是"谁谓河广?一苇杭之"。人教社的《古代散文选》则注释为"任凭小船漂去……一苇,指小船(比喻船很小,像一片苇叶)"。这就有问题了。"纵一苇之所如"至少是一根芦苇,怎么变成了一片芦苇的叶子呢?这是有想象的余地在,对不对?原文根本没有叶子的意思,后人大概是觉得叶子更小,其实并不是这么一回事。苏轼是宋代人,他所理解的"一苇",不是指"一片苇叶",而是指"一束芦苇"。对《河广》:郑玄解释为"谁谓河水广与?一苇加之,则可以渡之,喻狭也";孔颖达解释得也很清楚,他说"言一苇者,谓一束也,可以浮之水上而渡,若桴筏然,非一根苇也",即他特地讲一根芦苇不对。这里说用一束芦苇编成筏渡河,有夸张的意味,就是将黄河在那一段的宽度往窄说,因为芦苇不能长时间泡在水中,会下沉,能用芦苇过河,说明这一段不宽。《河广》中又有"谁谓河广?曾不容刀",刀可能是来自"刀剑"的"刀",引申为小船。总之,用芦苇编制成简易的筏子,不是夸张,实际上当时是存在的。还有现代比如高亨先生理解为"一叶扁舟",这是后人的理解。

所以读古代的诗文，要注意了解用典现象。王力先生在一篇叫作《古代汉语的教学》的文章中就强调："讲古汉语修辞，主要是解决一个用典的问题。"我觉得王先生抓住了问题的实质。他在《汉语史稿》的"词汇的发展"部分，特别辟了"成语和典故"这一节。后来我们有用典研究，也有中学课本审议这样的实践要求，但是常常被忽视。

理解《诗经》，要求真明辨

学生：老师好！《诗经》中很多是讲在位者发生了什么事，要写诗去讽刺他，那《国风》这部分到底算不算劳动人民写的？

孙玉文：原来人们总认为《诗经》中凡是《国风》部分一定是劳动人民写的，可是我看《诗经》第一篇中的"关关雎鸠，在河之洲。窈窕淑女，君子好逑"，就不好说。这里用到了"君子"，在古代，劳动人民是不可能称为君子的。你可以查一下君子的词义，他一定是地位很高的人，"射其御者，君子也"。《蒹葭》中有琴瑟、钟鼓，怎么会是劳动人民写的呢？所以 20 世纪对《诗经》的一些解读，我觉得是存在很多问题的，包括"蒹葭苍苍，白露为霜"。"苍苍"是茂盛的样子，芦苇最茂盛时应该是在夏天。白露为霜又是什么时候呢？是秋天。白露本来就是秋露，是深秋。本来是写蒹葭长得很茂盛，怎么后来有了季节变化呢？

如果说是写爱情的诗，怎么讲得通？是爱情延长了很长一段时间？我想不是的。根据"小序"，《蒹葭》是讲秦国占周的地盘，按道理周地开发得很好了，应该比较好治理，可国家没有治理好。所以第一句是比兴，芦苇长得很茂盛（蒹葭苍苍），到了收割芦苇的季节（白露为霜），是比喻秦国拥有了周地，按理说土地肥沃、人民有教化，可是却没有治理好国家，也就是说本来已经到了收割的季节（比喻国家已经到了要兴旺的时候），可是没有达到预期的目标，原因是没有用贤人（"所谓伊人，在水一方"）。所以对于《诗经》，不能完全用20世纪的理解，还是需要多看一些古注。20世纪对《蒹葭》这首诗至少有八种解释，其中有猜的因素。当然，有"诗无达诂"的说法，这源自董仲舒的《春秋繁露》。说《诗经》没有通行的解释，这一说法有夸张的意味，实际应该是指解读古代文章不能太拘泥。逻辑学中，科学命题一般是不能用祈使句的，所以"诗无达诂"本来就不是一个严格的科学命题。

解释古代作品不能太拘泥，这在原则上没有问题，可是如何区分拘泥和求真呢？我们不能当一个北大老校长胡适说的"差不多先生"，我们要刨根问底。"诗无达诂"是说看法不一致，和讲对错是有区别的。我们要研读"毛传、郑笺"，要借助它们，当然也不要完全相信它们。

学生：老师，接着刚才那位同学的问题：周振甫的《诗经译注》中主要有《毛诗序》、《诗集传》、清代方玉润的《诗经原始》。我发现"毛诗"特别强调礼乐文化,我觉得是不是有点过了?比如"采采芣苢,薄言采之",硬要说到后妃之德,是不是不太合适?因为这只是那种淳朴的民歌对答。

孙玉文:你先自己设了几个基调,实际上很难证明是不是后妃之德。如果是那个时代的人很强调礼制呢?你这是后人的眼光。我觉得这些东西很难证实,也很难证伪,所以还是要尊重故释。

学生:老师,您刚才说《国风》可能不是描写劳苦大众的,但是《汉书·食货志》说"行人振木铎徇于路以采诗,献之太师,比其音律,以闻于天子"。所以,有没有可能是源于民间,经过改动?

孙玉文:你这个材料没法说明它来源于民间。比方说孟子就讲过:有一位楚国的大夫,希望自己的儿子能说齐国话,让一个齐国人教他,但他周围的人都说楚国话,即使天天鞭打他,要他学会齐国话也不可能;同样,若是带他到齐国的大街小巷住上几年,即使天天鞭打他,要他说楚国话也不可能。为什么?因为他成长的环境不同。有人由此就推断出,战国时期齐国和楚国的语言方言差别很大。但是我认为这只能表明二者有差别,证明不了差别很大。比方说武汉话和沙市话都属西南官话,但沙市话就很难学,其实两种方言差别并不大。所以通过材料能得出什么结论,我们一定要抠得细一点。

传承《诗经》,任重而道远

学生: 没上北大之前,我觉得北大人都应该是"腹有诗书气自华"的,但是我来北大已经快两个月了,我感觉自己还是没有那种气质。我想问:怎么学习能让自己变得有一点文化气质?

孙玉文: 这个问题有点难回答。《诗经》有一个认识功能。孔子教儿子孔鲤读诗,认为诗可以"兴、观、群、怨",还能"多识于鸟兽草木之名"。后者是当时的人的认识,除此之外,古人还把一些动植物和一些特定的物象关联起来,这方面我们现代人谈得比较少,古人观察得很细致,比如说雌雄鸳鸯在睡觉的时候翅膀放的方向不一样。当然有些观察错了,我们也需要根据错了的意思理解古诗。所以《诗经》有认识功能,而培养气质还要有知识。曹操读了《诗经》,就能够讲得很雅。因此还是要读,"读"会产生潜移默化的影响。

学生: 像《蒹葭》这样的流行音乐,其实是对《诗经》原文的一个改编,可能意思也和原意不一样。但是越来越多的人会通过流行音乐去了解《诗经》,一方面这有助于《诗经》流传,另一方面我们知道的却往往是一些歧解,这对《诗经》的传承是不是一种比较矛盾的作用呢?

孙玉文: 这也是我经常在想的一个问题,这就相当于改编，可能改的作品比原作更好，可是却不是原作。上一次人教社开会，会上也提到这个问题。比如李白的《将进酒》，敦煌本文字就和传世的不同。还有贺知章的"乡音无改鬓毛衰"："衰"讲得通或者讲不通，都压不上韵，实际应该是"鬙"。但是现在如果按原作讲，大家可能不习惯。再比如白居易的"枫叶荻花秋瑟瑟"，押不上韵，"瑟瑟"应该是"索索"，现在如果改回去，老师、家长、学生都会不习惯。但我相信，如果把道理讲透了，人们自然就会接受讲透了的东西，虽然不可能一下把人们已经习惯的解释完全推翻。有些老师并不钻研文言文，所以我们要编好教材，把正确的东西传达出来，让老师、家长、学生慢慢去选择。

学生：老师，我在《诗经》中发现了很多语助词，这些词在表达上有没有不同的功用？

孙玉文：《诗经》中的语助词基本上就没有传到今天的，《诗经》中的文句对语助词留下的信息也很少。但可以肯定，不同的语助词一定是有所区别的，同类语句提供的信息很少，也不可能只是记个音——记个音为什么用这个字而不用别的呢？但是《诗经》文句有限，这样的学问很难做。

学生：老师，如果我们去研究，面对这样纷繁的解释，除了参考故训，还有其他什么途径可以让我们形成一套自己的、比较理性的判断？

孙玉文：首先文字要读懂。至于言外之意，前人传下来的也有不同的看法，但"毛传、郑笺"应该是有根据的。至于语气词，你很难找到它们之间的区别，只能尊重故训。

学生："毛传、郑笺"的根据是什么？

孙玉文：老师们的代代传承。

学生：这些老师的老师见过写诗的人吗？

孙玉文：老师的老师也不可能见过写诗的人，写诗的人应该是处在春秋中期以前。但是诗是传承下来的，不可能是编造的。对于诗可以有不同的解释，比如"九月叔苴"中的"叔苴"，只能确定是动宾结构，但上下文的"叔"可能有很多没有定论的解释，只有利用古注，理解为拾取才是唯一正确的答案。

学生：老师，我记得之前您也讲过，在理解《诗经》的时候，名物是很重要的，就是说从名物入手的话会容易理解。但是现在一般的注释就只告诉你这是一种什么草、那是一种什么花，其实在很大程度上抛弃了汉儒以来那种对名物解释很重视的成分，而就算有注释引用了汉人的解释，可能读者在读的时候也会带着一种这是汉代人的政治的、附会的偏见，由此很难接受。这种情况，我觉得会造成大众在读《诗经》的时候不接受原本这一套解释、从一开始就抵制的现象。

孙玉文：有时候习惯的东西很难改，所以做好对《诗经》的解释工作任重道远。比方说"郑笺"总用礼制解释

《诗经》,如果《诗经》时代就是重视礼制呢?此外,关于名物,直到今天我们还有这方面的文化,比如说端午节时把菖蒲插在门上。这些古人赋予的意思,我们必须知道。不过我们今天这方面注释也做得不够。比如说"采采苯莒"是"采车前草",但没说这是要干什么。关于附会,我们可以证明并不是。比如"五更鼓角声悲壮,三峡星河影动摇"(杜甫《阁夜》),"星河影动摇"有文化含义,说明有战乱发生。这些含义可以根据归纳推理得出,不是附会。所以,今天读《诗经》,很多时候我们是没有读懂的。

"博学之,审问之,慎思之,明辨之,笃行之",这是在百家争鸣的时代讲的。我看过很多人说治学方法,还是这句最好。

孙玉文与学生合影

微语录

※ 对待学问，我们不能当一个"差不多先生"，我们要刨根问底。

※ 我们注释古书的用典，一定不能以今律古。

※ 王力先生强调："讲古汉语修辞，主要是解决一个用典的问题。"我觉得王先生抓住了问题的实质。他在《汉语史稿》的"词汇的发展"部分，特别辟了"成语和典故"这一节。后来我们有用典研究，也有中学课本审议这样的实践要求，但是常常被忽视。

※ 人的气质怎么培养出来？我觉得还是要有知识。要多读，才能修身养性。

※ 求真和习惯之间的关系怎么处理？我觉得还是要求真，我相信如果把道理讲透了，人们自然就会接受讲透了的东西，虽然不可能一下把人们已经习惯的解释完全推翻。所以我们要编好教材，把正确的东西传达出来，让老师、家长、学生慢慢去选择。

※ 推理一定要严格。通过材料能得出什么结论，我们一定要抠得细一点，不能违背逻辑、过度解读。

※ 首先文字要读懂。至于言外之意，前人传下来的也有不同的看法，但"毛传、郑笺"应该是有根据

的。有些东西无法追根溯源，只能尊重故训。

※ 对《诗经》的理解不能一刀切，不能程式化。上百年来我们对《诗经》已经形成了解释的习惯，习惯的东西很难改，因此做好对《诗经》的解释工作任重道远。

※ 我们现在对《诗经》的解释太注重生物学分类，"采采芣苢"就注释为"采车前草"，那采芣苢干吗呢？并没有解释。而重要的是，我们要理解这些名物的意涵。

※ "博学之，审问之，慎思之，明辨之，笃行之"，这是在百家争鸣的时代讲的。我看过很多人说治学方法，还是这句最好。

学术与心灵之镜

唐士其

唐士其，北京大学国际关系学院院长、教授，区域与国别研究院院长，东西方文化研究中心主任。主要研究领域包括西方政治思想史、当代西方政治哲学、比较政治思想、比较政治学。发表多篇学术论文，出版图书《国家与社会的关系：社会主义国家的理论与实践比较研究》《美国政府与政治》《西方政治思想史》《全球化与地域性：经济全球化进程中国家与社会的关系》《理性主义的政治学：流变、困境与超越》《具体和可能的"是"——海德格尔思想重探》等。获北京大学2010年度杨芙清-王阳元院士奖教金，北京大学优秀教师、优秀班主任等称号；《西方政治思想史》获北京大学第九届人文社会科学研究优秀成果二等奖。

以阅读为乐。

唐士其

2021.11.26

人化的自然，观心灵之镜

唐士其：各位同学，下午好。非常高兴有这么一个机会能够跟大家坐下来聊一聊关于学术和人生的一些话题。

对于这个主题"学术与心灵之镜"，刚才跟同学们交流的时候，有同学从中看出了一点禅意。其实我本来倒没有往"禅"的方向去想，但是想一想其中也确实有相通的地方。为什么会起这么一个名字，大家可能也会好奇。什么是"心灵之镜"，我想从两个方面来讲。

一方面，我觉得人的心灵就是一面镜子，我们讲"明烛须眉"，意思是镜子很明亮、很明晰，能够把人的眉毛、头发都照得很清楚，当然我们也能用它来"照"我们的世界和我们的自然。所以庄子讲"至人之用心若镜"，就是说层次最高的人，心就像一面镜子一样，能够把外部世界照进来。这面镜子应该是非常"平静"的，不会被污染，也不会蒙上灰尘，所以的确是有禅宗讲的"心如明镜"这样一个意思在里面。《庄子》中还有一句话与此有关，讲的是水，"人莫鉴于流水而鉴于止水"，就是说要用非常平静的水当镜子而不要用流动的水当镜子照，否则晃来晃去照不清楚。"观于浊水而迷于清渊"说的是，一个人面对浑浊的水面时能独善其身，反而在非常清的水面前，容易犯迷糊，把持不定自己。

另外一方面，我觉得学术本身又是一面镜子，是照亮我们心灵的镜子。我们通过学术反观自己，然后为人生找到一些指引，或者得到一些感悟，甚至是得到一些激发我们向上的力量，这可能是学术内在的动力。

从历史上来看，学术和心灵之镜的关系其实有两种。也就是说，希望从学术中获得一种人生的意义、人生的价值和人生的指导，有两个大的方向。

第一个方向，就是从人与自然的关系着手。比如说从我们中国人的角度来讲，可能是"以自然为师""天人合一"的思路。但是这样一种思路有一个前提，就是它必须有一种统一的宇宙观，即整个世界是统一的、有秩序的，人是宇宙秩序中的一部分，日月星辰也是这个秩序中的一部分。这种宇宙观，最典型的代表就是亚里士多德的物理学：人在其中有自己的位置，就会根据在宇宙中的位置来采取行动。

当然了，实际上"天人合一"也罢，"以自然为师"也罢，其实会有两种不同的取向。第一种取向，可能是看到自然中一些不好的东西，比如说"弱肉强食""适者生存"等残忍或让人不悦的方面。有没有人看到这些方面呢？当然有。例如古希腊有一个学派叫作智者学派，他们当时挑战了社会中的一些陈规陋俗，认为社会对人们的自由、个性有太多的束缚，他们觉得这完全是人为的习俗，比如说等级、尊卑，让人去束缚自己的欲望，克制自己的欲望，等等。智者学派觉得人天生不应该受这些束缚，就应该追求个人的利益、追求个人的自由，甚至极端一点——人天生就是自私的，天生不会照顾别人。因此，他们认为公平正义全都是弱者的借口，或者是强者的借口，总而言之是违背人的自然的。他们认为人应该回到一种生物性的自然中。第二种取向同样也出现在古希腊，源自在智者学派之后的另一个学派——斯多葛学派。斯多葛学派从自然中看到的是另外一面。他们看到的是和谐、秩序、统一、人与人之间的兄弟情谊，他们把整个宇宙、整个世界理解成一个和谐的统一体。所以说从人和自然的协调来看，可能有两种指向。第一种指向就是没有人的自然，或者说把人还原为生物的那种自然。第二种指向，实际上是一种人文化的自然，就是把人投射到自然中，是我们希望的自然，而不是本来如此的自然。

实际上，从中国历史的思想倾向来看，不能说完全没有第一种类似智者学派的对自然的理解，但更多的是第二种，类似斯多葛学派的对自然的理解。比如《周易》讲"天行健，君子以自强不息"，这是从自然里看到了一种让我们生生不息的力量。老子说"天道无亲，常与善人"，就是说天不会对谁特别青睐、特别照顾，但是好人一定会得到好报。再比如孔子讲"天何言哉？四时行焉，百物生焉"，就是说天不会说话，却有四季交替、万物生长，我们应该向天学习。天肯定还有另外一面，老子讲狂风暴雨、自然灾害也是一种表达，董仲舒会从这种表达里看到天对人的惩戒，但是中国传统的思想家们，更多的是看到了天让我们可以从中学习、从中感悟、从中启发自己。中国哲学的倾向，早在《周易》里就体现得很清楚。我们讲《易》有"生生之德"，第一个"生"是动词，第二个"生"是名词，意思是：让生命更加灿烂，更加发出光彩。当然，其实从中国传统哲学的角度来讲，有生就有死，有兴就有衰。我们都讲阴阳，讲有无，但是更多的是从自然里看到这种生生不息、欣欣向荣的一面。《周易》也有说法，叫"生生之谓易"，《易》的特点就是让生命更加灿烂、更加辉煌，所以也有人讲《易》的特点就是以阴辅阳。大自然里有阴就有阳，阴阳是平衡的，"孤阴不生，独阳不长"，但是从人的角度来讲，我们还是更多地去辅助阳的一面，来稍微压制阴的一面。

在西方，亚里士多德对这种思想有一定呼应。亚里士多德比较有意思，他认为万物皆有灵。植物有植物的灵魂，叫作营养灵魂，它们要生存就必须从外界获取养料；动物有灵魂，但是动物的灵魂是"植物+X"，植物加上动物的特征就是"营养灵魂+运动灵魂"，因为动物会运动。人又是"植物+动物+X"，就是营养灵魂加运动灵魂，再加上属于人的那种灵魂。但是，植物灵魂、运动灵魂是人生来就有的，可人的灵魂不是生来就有的，人的灵魂从哪里来呢？亚里士多德有一个说法：它不是生来就有的，不是自然的，不处于自然之中，但是也不违反自然。人的灵魂是通过教育、政治、实践得到的。亚里士多德说"人是会说话的动物"，这是他对人的定义。但是说话这样一种能力不是人天生就有的，也就是说（他所认为的）人最根本的特性，并非人天生习得。这样一种能力，可以称其为第二自然。亚里士多德还讲，人不能无限制地发掘他的能力，比如要让人飞起来是不太可能的；但是让人会说话，这是确定可能的。可反过来，如果不教不学，那么人确实永远不会说话。这些都表明他的观点：人身上很独特的东西也是我们最根本的东西，并非天生就有，而是需要外部教育、激发，激发出来后才称其为人。所以亚里士多德也说，"人是政治的动物"。为什么说人是政治的动物？因为如果你不参与政治生活、不接受教育、不与其他人交往、不与其他人一起实践，那么人之为人的"灵魂"就无法显现出来。因此，政治对人非常重要。

由此，实际上大家可以看到，无论是中国还是西方，我们都会从人与自然的统一中去寻找人的本性，或者说人的心灵之镜。但同时我们也发现了，这样的心灵之镜并不是在纯粹的自然中找到的，而是在拟人化的自然中获得的。所以我们对自然有着特定的、作为"人"的理解，在我们眼中，自然变得与众不同；或者说我们将人性投射到自然中，发掘人与自然的关系，我们从自然中获得启示。比如研究宇宙的科学家们就是从自然中得到启发，而不仅仅是通过天文望远镜观察宇宙。他们将人的一些特质投射到研究对象中，才获得启示。所以说这个过程就是我们将对人的理解投射到自然中，然后从被我们投射了人性的自然中获得一些启发，丰富我们的心灵和灵魂，丰富我们对人的理解，为人提供一些可能性，再将这种可能性投射到自然中，如此形成的一个循环的过程。当然，我所讲的这个过程更多的是指在古典时期。

学生：我们都知道，1923年，弗洛伊德提出人的精神分为三大部分，即本我、自我和超我。我想请问唐教授：人格、个性与学术研究是怎样相互依存的？或者请您以一位长者的身份，告诉我们当代大学生应该如何处理这些关系。

唐士其：弗洛伊德其实是以一种很特殊的方式在控诉西方理性主义传统对人的压制。他觉得人有一些最本体的东西，就是他说的本我，而本我在现实中会受到自我和超我的压制。我们从正面的角度来讲，人的本我就是动物性的人，自我和超我才是社会性的人，或者说是拥有第二自然的人。正如我刚才提及的，人有第二自然，用我们中国人的话说就是"以阴辅阳"、《易》有"生生之德"。这本质上有一个可能性的边界——如果你超越了这个边界，那就不是对人的提升，反倒变成对人的一种折磨，或者说是摧残了。

整全的自然，寻学术人生

唐士其： 在现代社会，用庄子的话说就是"道术将为天下裂"，即我们对自然和世界没有一个统一的理解。学科越来越细分，学术变得碎片化。从我们具体的研究对象、研究领域来看，想要再深刻地思考人生可能并不容易，这确实是个问题。

但是我在思考两个点：第一，无论是对哪个领域的研究，我们都在某种程度上超越自己的研究领域进行理解。第二，也许在未来的某个时候，我们可以回归到对整个宇宙世界有整体认识的阶段。因为我认为，没有将人对自身的理解纳入其中的自然观，本身可能就不存在。我个人的看法是：在西方科学发展史上存在两种自然观。一种是亚里士多德的目的论自然观，认为宇宙万物都有运动目标和最终目的；另一种是霍布斯的机械论自然观，认为一切都是由偶然和力的作用所决定的运动，是惯性和力的结果。实际上，这也折射出人对人的理解或人对自然的理解不是客观观察。这个世界上没有客观存在，都是主观看待。所以说在这一点上，是霍布斯更科学一些，还是亚里士多德更科学一些，实际上很难判断。

刚才我讲的是试图将人与自然统一起来，将宇宙与人生、学术与心灵统一起来的第一个方向。

还有第二个方向，并不是从自然与人生的统一或宇宙与人的统一中去理解人。相反，它是通过学术规律和人生规律之间的一致性来理解人。我们研究学问、从事学术时，最重要的原则是什么？我们依靠什么来进行学术？我们如何进行发现——不论是理论上的发现还是实践中的发现？西方人依靠被希腊人称为"逻各斯"的这个东西来进行发现。而中国人则强调道理，我们要为一件事找出其道理。其实学术很简单，比如太阳东升西落，我们要知道其中的道理。换句话说，我们要给出一个逻辑，找到一种规律，或者说给出一个解释。这个解释有一个最基本的要求，就是不能自相矛盾。如果我们给出一个道理或解释，而人们从中发现矛盾，那么我们的解释就不成立了，这种情况下就要修正我们提供的这个观点，然后找出一个不包含矛盾的所谓道理或者理由。

实际上，无论是中国古代的思想家还是古希腊时期的思想家都是这样做的。当然，在希腊，使用这种方法最为成功的人是柏拉图。他写了《柏拉图对话集》，主要内容是记录其老师苏格拉底和别人的对话，而苏格拉底就习惯采用上述方法进行辩论。我们把这种方法称为辩证法，和我们现在讲的辩证法并不完全相同，并非黑格尔式的辩证法。所谓苏格拉底的辩证法是这样的：在面对问题时，我们试图阐述一个观点，然后邀请其他人参与我们的对话；在这个对话过程中，必然会有人进行反驳，指出这个观点在某些地方并不适用。比如：你提出"公正是给予一个人应得的东西"，然后与你对话的人可能会说"如果你拿了朋友的一把刀，你应该给他"，但是如果他精神突然出现问题，失去控制，你是否还能给他刀？你想想，好像是不能的，这就是辩证法。通过这些对话，我们试图消除对一个事物描述中的矛盾，从而得到对这个事物的解释或者某个道理。

在中国，这种方法运用得非常出色的人是谁呢？是孟子。大家可以看一下《孟子》，孟子特别擅长辩论，他总能从他人的言辞中寻找出一些毛病，然后找到不含矛盾的对事物的理解或者阐释。

西方人给"逻各斯"这个概念赋予两层含义。第一层含义是讲话、说话、语言，所以刚才我提到亚里士多德说"人是会说话的动物"，就是说人是有语言能力的动物，原文是这么表达的。第二层含义是道理，或者说，我们后来谈到西方有一种理性主义传统，其中一部分可以追溯到λoyoς（logos，逻辑）。这非常神奇，我们中国古代的"道"也有两层含义。一层含义是说话。在古代小说中经常出现某某"道"，即某某"说"的意思。另一层含义是道理。

所以在一些根本问题上，西方和中国其实还是能找到一个共同点：人是会说话的；人会说话，因此人要讲道理；如何讲道理呢？不要犯逻辑错误，不要出现矛盾。

"不要犯逻辑错误，不要出现矛盾"，这句话我是用否定的方式来表达的。如果用肯定的方式来表达，孔子有一句话叫"吾道一以贯之",意思是说我的道理能够贯通始终。康德用了一个词叫"integrity"(融合性),哲学中用了另外一个词"coherency"(一致性)。融合性和一致性不仅是学术标准,也是道德标准。因此,关于道德原则,康德称其为"普遍化"原则,就是一个原则如果你认为自己可以接受,那么你要想象所有人也都能接受,即"己欲立而立人,己欲达而达人";但是还有一条,"己所不欲,勿施于人"。把这两条合起来,就是康德的"普遍化"原则。因此,我认为可以用前面讲的第二个方向来探索学术与人生之间的统一性。实际上,康德在学术标准和人生标准之间发现了一个标准。在学术上,我们要确保"正直",如果你做不到"正直"和一以贯之,那么学术就失败了;在人生中,我们也要做到一以贯之,如果我们能够做到这一点,我们就是诚实正直、能够得到别人尊重的人。

当然,这是我对学术和人生之间关系的理解。对于那些对学术追求非常严格的人而言,我想他对自己的生活要求和修养也应该非常严格。但是,一个擅长学问的人是否能够获得道德认可呢?这并非必然。因此,在这种关系之间,也许存在一个"选择"的问题。

我认为学术让我们找到了指引人生的可能性,但它并非必然,因为我们在学术和人生之间可以建立一种相互的正向激励关系。然而,要建立这种关系并不是说哪一天我们做到了学术上的成功,我们的人生目标就达到了;这属于一个选择问题，只要你做出了选择，那么这个问题就解决了，这种正向激励关系也就建立起来了。如同一个人克服旧习惯并建立新习惯需要自己推动一样，该问题也不存在必然过程。比如，长期熬夜可能已经使身体崩溃了，但是如果你开始选择改掉它，这就会给我们带来完全不同的对于世界的体验，从而建立一个新的良好循环。因此，第一步的推动关键在于我们自己，我们不应该坐等外力影响我们的选择。学术和人生之间没有必然的联系，因为我们确实看到很多学问做得不错，生活却一塌糊涂的例子。所以，我希望参加这次讲座的同学将来不要像这样生活。我希望优秀的学术和充实的人生可以共存。

学生：老师好！我知道政治学是一门社会科学，社会科学一般与现实世界的运作可能联系比较紧密，但是我们也知道，现实世界有很多不确定性，所以有时候我们也能看到政治学还有其他社会科学学科可能与现实世界的真实状况有一些断裂。作为一名社会科学的研究者，您觉得应该如何在这种充满不确定的世界中自处？谢谢！

唐士其：其实我觉得研究社会科学的人都会有这个问题，因为科学研究可能讲究的是单一逻辑，或者最多两三个逻辑，我们能够考虑到的因素是有限的，而社会或者说人所受到的影响力却是无穷无尽的。所以再伟大的学者对一些具体的事件的理解或者判断也未必都是恰如其分的。学术研究和事实之间的偏差始终是存在的。

之所以说学术研究是单一逻辑,是因为这个所谓的单一逻辑在很多方面或者从很强的意义上讲,是带着我们的偏好和理想的。例如我们想让这个世界和平,那么我们看到的都是这个世界有利于和平的那些方面,所以可能就多多少少忽略了导致冲突的那些方面,这也是有极大可能性的。

实际上,我觉得这就是学术和生活之间的关系。虽然我说我作为一名学者可以让我的学术研究和心灵保持一致,但我很难说让我的学术研究和现实保持一致。而且一名学者可能要让其学术研究和现实保持距离,不要离得太近,要让它们各自有各自的空间。作为一名学者,你进行了严格的学术思维训练;但是说到现实,如果用一个不恰当的比喻的话,学术研究的是道理是怎么影响现实的——那可能需要通过人情,是各种各样人情的结果,当然我所指的是在社会科学领域里。所以我觉得一名社会科学研究者对现实应该采取"不即不离"的态度,"不即"就是别贴得太紧,"不离"就是也不要离得太远。我们要时刻意识到学术和现实之间应该有一定的距离,并允许二者保持一定的距离。

如果举例子的话,大家都知道,孔子对他的前代和他的同时代的政治研究是非常透彻的。中国古代有"半部《论语》治天下"的说法,一部都用不了,半部就够了。这么一个拥有大智慧的人,他当然得到了一个"实习"的机会——当了鲁国的司寇，干了没几年，就干不下去了。这说明什么呢？理论和实践之间其实是有相当的距离的。古希腊的柏拉图也一样，他有三次到叙拉古，希望去实践他的政治理想，但他比孔子更惨，三次都以失败告终，最后一次还被贩卖为奴，后来还是他的朋友花钱把他赎出来的。柏拉图那么一个大哲人，也会犯这种低级错误。而他的学生亚里士多德就高明多了，亚里士多德跟柏拉图相反：柏拉图是想当帝王师而不成；亚里士多德是当了帝王师后放弃，离开他的家乡，到雅典建立了与柏拉图学园并立的吕克昂学园。

所以，我觉得哲学（或者说理论）和政治之间，还是保持一定距离为好。当然，我们从后来的记载里看到，亚里士多德和他的学生，也就是后来成为马其顿王国国王的亚历山大之间，还是有一些矛盾的。亚历山大要建立一个世界帝国，亚里士多德觉得城邦是最大的人类生活的单元，不应该去追求那种东西。既然追求不一致，那就分开，分开还能做朋友。

清者自清，浊者自浊，代代相传

唐士其：我意识到这个问题是在我上大学的时候。1989年我开始攻读硕士学位。就是在1989年前后，我突然意识到一些我过去认为很了不起的学者和知识分子并不是那么值得推崇。在与你们差不多年龄的时候,我感到非常困惑,觉得好像原本坚定不移的信念崩塌了,信仰的大厦即将倒塌。我去找当时我们系的老教授赵宝煦先生谈了这件事。他当时与我说话的语气和表情,我至今都历历在目,他说:"清者自清,浊者自浊,代代相传。"这句话我会记一辈子。如果选择做一个清者,就不要抱怨,也不要羡慕那些浊者,这种选择是我们自己做的。当然,一旦做出这种选择,我们会得到一种正面的激励,会形成一种良性循环,我们将生活得更加自在、满意,我们对宇宙、对世界的看法也会有所改变。所以,中国古代有很多话是说"君子"和"小人"之间的区别的,比如"君子喻于义,小人喻于利","君子怀德,小人怀土;君子怀刑,小人怀惠",等等。的确,人的境界是不同的,我们并不希望也不指望所有人都能达到某种特定的境界,但为了达到那个境界,我们需要努力奋斗。因此,庄子说了一句非常有意思的话,他说"道之真以治身"。庄子追求"道",这个"道"是用来管理自己、调节自己、调整自己的生命和生活的。"道之真以治身,其绪余以为国家,其土苴以治天下",只需投入一点点精力就足够治理整个天下;"由此观之,帝王之功,圣人之余事也,非所以完身养生也",庄子认为,帝王的功业其实就是圣人平常做的事情,只需利用"业余时间"就可以。所以我想,庄子的意思并不是说不要为世界做贡献,而是要先修身,先做好自己,再去考虑做事。我觉得他的道理其实就是这样,他鼓励大家先塑造自己,再考虑做事。

当然,我们希望能为社会做贡献,希望我们的事业能够成功,每个人都会有这种想法,每个人都会有这样的考虑。但是,作为北大的学生,我们有条件和责任比一般人思考得更深入、更有远见,对自己的要求更高一些。在这个过程中我们可能会遇到困难,这是必然的:要求越高,面临的困难就越大。孔子说过"君子固穷",这是什么意思呢?不是说君子必须贫穷,也不是说君子注定会贫穷;贫穷与否并不重要,这里的"穷"是指走投无路,无法通行。无论是从孔子弟子们的记载,还是从别人对孔子一生的总结来看,他经历了许多艰难困苦,因为他要挑战很多世俗的东西,所以自然而然会遇到各种困难,甚至陷入困境。当然,我们现在的社会情况非常好,我们并不需要每个人都像孔子那样尝试挑战困境,但是我觉得可以把这句话作为一种激励,如果我们想要对社会做出较大的贡献,我们就要有所追求,那就不可能在任何方面都一帆风顺。

学生: 我非常认同您刚才所说的,人是一种追求意义的动物。在我的学习经历中,我发现:如果环境比较好的话,我可以把自己在学术中所学的一些东西应用到生活中去;但是如果这个环境不是很好,而我又试图把自己所学的东西应用到身边的环境中去的时候,就会碰壁。然后我就会琢磨:是我自己太"阳春白雪"了,还是说自己没有一个很好地把学术应用到现实中的能力呢?包括您刚才所提到的,在应然和实然中的矛盾,现在让我特别困惑。我是社会学系的硕士研究生,我不知道是否因为我们学科自带批判视角,我在现实中经常会有矛盾感,觉得现实的世界总是会给我带来一种碰壁的感受。

唐士其: 我觉得的确是,一个人研究的领域与现实、与政治的关系越密切,这种张力肯定是存在且越大的。我想这在哪个国家都是一样的,只不过表达方式或者是我们面对它的方式不一样。因为社会科学相较于自然科学,改造研究对象的欲望更强烈——自然科学对于改造宇宙、改造太阳系,已经预设这是不可能的事,而转向研究其作用机制与原理。但是社会科学和人文学科天生就有个预设——我是要看遍这个世界的,想得多了,困难也多,"痛苦"也多。我们不妨把这些"痛苦"理解成对我们智慧的一种考验。我想,要成为"君子",其中一个代价就是要去面对或者忍受这种痛苦。其实,这也未必就是痛苦——虽然不是快乐,但这是真实的人生,我称之为人生的重量。

当然,我们要有一种智慧:不要在现实面前碰得"头破血流"。尽管我们最重要的目标是努力完善我们的社会现实,但在面对人生的这种重量时,与其让自己粉身碎骨仍于事无补,不如找到与自己志同道合的朋友,一起与书为伴,体验一种纯粹的快乐。

学生: 我想请教老师,研究学术如何指导自己更好地生活?

唐士其：我想分享两个方面：第一，我们学者实际上并不是不知道社会很复杂，也不是无法应付这个世界的复杂，而是我们没有时间去跟一些事情"周旋"。这本身就是经济学的一个"成本—收益"分析——我们要有自己的选择。对此，别人可能会评价你"不接地气"，但我们的自信还是要有的。针对这个问题，我觉得中国古代知识分子"知雄守雌"的原则值得我们思考——其实那些东西我都懂，我不是不会做，只是我主动选择不做。这并非一种高高在上的傲慢，而是一种我们应该保有的自信。

第二，更重要的一点就是和光同尘、和而不同，道家叫"和光同尘"，儒家叫"和而不同"，意思都是相近的。举个例子，我们不是说非得与周围的人混成一样，他们可以尊敬你、信任你，但是打牌时他们就不来找你，因为他们知道找你，你一定会拒绝他们。你如果能做到这一点，那就是最好的状态了。人都应该是不一样的，我们没有必要变得跟其他人一样，也没有必要跟那个批评你"不接地气"的人变得一样。但是，也要尽可能地让他们接受你的存在，这就是"和而不同"了。如果说我们在跟这些人交往的过程中感受到一种张力的存在，那就是我们还有努力的余地。但这个努力的余地不是说要改变我们自己的本心，因为一个知识分子对真理、原则的坚守是不能放弃的。

学生：老师好，我想可能将来做学术研究更适合我的性格，符合我的追求，但是我现在面临着"内卷"的难题。

越来越多的博士生选择离开研究岗位，从事一些像金融行业或者互联网行业的工作，虽然这可能不是他们喜欢做的事情，但是也能在其中有一些收获。还有很多真正想从事学术的人，他们无法留在高校或者科研机构工作，一方面可能因为能力，另一方面可能是在这个圈子里能够留下的人确实有限。您是怎么看待这个现象的？我们怎样去达到自我的学术追求和现实世界的平衡，或者是自我能力与现实世界的压力之间的平衡？

唐士其："内卷"的原因在于，我们制定了各种规则——什么东西都要定量、评比、评奖，制造了很多人为的标准。如果只有一个统一的社会标准、市场标准，其实事情要简单得多。但是现在各种机构和单位都要制造不同的标准来评价人，于是"内卷"得越来越厉害。

学术研究肯定不是带来名和利的活动。我觉得，要保有这样一种志趣，你总是要有所舍弃的。如果一些同学志不在此，却根据社会观念"强行"进入收入较高的行业，虽然他们可能会有较高的经济收入，但他们也失去了原本的兴趣，被迫去做一些自己不感兴趣的事情，找不到自己灵魂的归处。所以，与其在不喜欢的行业"受尽折磨"而换得财富——当然钱也可以买到快乐，不如通过自己喜爱的事物直接得到快乐。

唐士其与学生合影

微语录

※ 学术是照亮心灵之镜，是激发我们向上的力量。

※ 先修身，先做好自己，再去考虑做事。

※ 人最根本的特性是后天习得、外部激发的。

※ 心灵之镜并不是在纯粹的自然中找到的，而是在拟人化的自然中获得的。我们将对人的理解投射到自然中，并从中收获更丰富的体悟与反馈。学术与人生就是如此循环往复的过程。

※ 学术的观察没有纯粹的客观性，都或多或少地带有主观色彩。

※ 学术就是探寻"道理"的过程。

※ 学术让我们找到了指引人生的可能性，但它并非必然，我们应该在学术和人生之间建立一种相互的正向激励关系。

※ 科学研究可能讲究的是单一逻辑，而社会或者说人所受到的影响力却是无穷无尽的。因此学术研究和事实之间的偏差始终存在。

※ 学术对人生存在正向激励的可能，但更多时候也需要个人的权衡与选择。

※ 对真理、对原则的坚守是不能放弃的。

从人工智能角度解读"千古一赋"

朱松纯

朱松纯,北京大学智能学院、人工智能研究院院长,北京大学讲席教授。曾任美国加州大学洛杉矶分校(UCLA)统计学系与计算机系教授,UCLA计算机视觉、认知、学习与自主机器人中心主任,两次担任国际计算机视觉与模式识别大会主席。主要研究领域包括通用人工智能基础、计算机视觉、统计建模与计算、认知科学、机器学习、自主机器人等。累计在国际顶级期刊和会议上发表论文350余篇。获国际计算机视觉大会最佳论文奖——马尔奖、国际认知科学学会计算建模奖、赫尔姆霍茨奖、第二届J. K. Aggarwal奖、美国海军研究所杰出青年科学家奖、美国国家科学基金会青年教授奖励基金等。

为机器立心,为人文赋理。
以中国之思想,创世界之科技!

朱松纯
2021.3.12.

初读《赤壁赋》：豪放豁达的文风

我第一次读《赤壁赋》是在高中，当时就觉得《赤壁赋》的文风确实是豪放派的代表，气势磅礴。清代文人评苏轼的词是"自有横槊气概，固是英雄本色"，其文学地位不用我们多说。在苏轼写《赤壁赋》之前，他写了被誉为"天下第三行书"的《寒食帖》，他写道"空庖煮寒菜，破灶烧湿苇"，就是说空空的厨房煮着些寒菜，潮湿的芦苇燃在破灶底，又说"也拟哭途穷，死灰吹不起"。在黄州这个地方，他还创作了《念奴娇·赤壁怀古》和《后赤壁赋》。这时苏轼已经45岁，非常落魄，基本上处于他人生最低谷的阶段。

这里引申出一个问题，就是书法的价值何在。书法的价值不在于字，而在于你欣赏书法作品的时候，可以完全重构书法家拿笔的姿势或者是什么样的心情。真正的书法，是在书法之外的东西。这是我们做人工智能的一个核心问题。比如现在利用人工智能作诗，只能是一些辞藻的堆砌，无法表达一种意境和心情。做音乐也是一样的，如果我们要用人工智能谱曲的话，用大数据谱出来的音乐是温温暾暾的曲子，没有激情，无法让人感到它有深度。也就是说，如果这个智能体没有主观的价值函数，即没有主观情感，那么它对客观的东西就是无感的。这是人工智能和其他科学完全不一样的地方,其他科学都是要把意志排除在外的,而要构建人工智能,必须把主观的东西放进去。哲学讲唯物主义、唯心主义,物质是客观存在的,但是要说智能,它是一个主观和客观的融合。

当我们去欣赏书法作品的时候,你就会去重构作者当时的动作、心情,这才使得他的书法有了更深厚的价值。我们今天再去解读《赤壁赋》时,面临的也是这样的情况。我们谈到《寒食帖》,苏轼在人生中最穷途末路的时候,达到了他不朽的最高成就。但是我在高中时是读不懂的。以我当时的年纪,去读《念奴娇·赤壁怀古》没问题,读《赤壁赋》就完全蒙了。年轻的时候读《赤壁赋》,觉得莫名其妙。当时我有这么几个疑问:赤壁这地方是哪里?为什么想到周瑜、曹操?苏轼到底想表达什么?

大家可以再回顾一下苏轼写《赤壁赋》的背景。彼时苏轼45岁,从一个很风光的状态,骤然跌入穷途末路的谷底。我相信我们每个人都会经历这样的挫折。你不可能一辈子都风光,肯定要遇到各种各样的挫折。正如《赤壁赋》中所写,开始的时候他很乐观,在清风明月的意境里,讲的是风景,让人感觉特别好,"羽化而登仙"。然后是"客有吹洞箫者",这个"客",从文学分析的角度来看,就是他自问自答,他假设了一个客,一下子就感觉到自己特别渺小。经常会出现这种情况:我们一方面雄心万丈,想要改变世界,另一方面又觉得自己太渺小了,"寄蜉蝣于天地,渺沧海之一粟"。长江没有穷尽,自己的生命却很有限。他谈到变与不变、无穷与有限,又谈到人生意义到底何在。每个人都有这种自问。苏轼也回答了这个问题,他谈到了只有明月清风可以取之不尽、用之不竭,当然这是自然给我们的馈赠。

南宋朱弁在《风月堂诗话》中对苏轼的评价是非常高的:"东坡文章,至黄州以后,人莫能及。"苏轼的文学成就,使很多人对他非常敬仰。但是只有他,在这种环境里,在经历过各种境遇的情况下,才能写出这样的文章来。如果他一直在朝廷里做官,他可能不会去问人生意义何在之类的问题。同学们将来做学问,其实在很大程度上也是类似的。

我第一次读《赤壁赋》的时候,有很多疑问。但是苏轼的文学风采、描绘的场景,让人记忆犹新。以前的文人不是这么写东西的,可能也不会去想这些事情,进而把这些事写进一个作品。所以我觉得《赤壁赋》体现了苏轼独有的思想高度。

重读《赤壁赋》:清风明月的意境

我第二次读《赤壁赋》的时候,关注到它凸显的是一种清风明月的意境。我们现在的人,什么时候有这种雅致在半夜的时候到长江去,划着船、拿着酒,我们可能想过,但没有人做过。《赤壁赋》写成的时间是农历七月十五或十六,同年农历十月,苏轼又去游了一次,"于是携酒与鱼,复游于赤壁之下"。"江流有声,断岸千尺",江水流动有声,江岸上的山壁峭立,高达千尺。"山高月小,水落石出":这个时候,江水退了,雨季过了,到了枯水季节,"水落石出";而"山高月小"其实是个心理学现象,山峦很高,所以显得月亮小了。苏轼40多岁的人,"摄衣而上",在各种形状的石头上攀爬,"划然长啸",在半夜的时候大喊,"草木震动,山鸣谷应"。

我们在现代科学中的发现,其实跟苏轼的心境是相通的。中国的士大夫产生了一种思想的境界——"清风明月"。1918年,爱因斯坦为普朗克60岁生日致辞。我对这篇演讲印象特别深刻,读它的时候就联想到《赤壁赋》。爱因斯坦说,科学殿堂中有三类人:第一类人做科学研究是出于他们超常的智力,科研就是他们擅长的一项体育运动,可以从中得到快乐,满足自己的抱负,是一种快乐的经历;第二类人搞科学研究纯粹是带着一种功利目的,把自己的脑力劳动成果递交到科学殿堂换取利益;而第三类人——爱因斯坦自己可能是这一类人——大多数有点古怪,不爱说话、独来独往,他们来到科学殿堂最强的动机是摆脱个人生活中令人痛苦的粗俗和使人绝望的沉闷,以及人们不断变化的欲望的束缚,而进入一个可以客观感知的世界。这种愿望好比城里人渴望从嘈杂、狭窄的城市空间逃到宁静的高山享受幽静的生活。在那里透过清净纯洁的空气，可以自由地眺望、描绘那似乎是为永恒而设计的画卷。爱因斯坦认为真正的科学家是最后这一类人，用自己的美学把整个科学殿堂的结构定下来了，其他人做的一些东西都只是没有结构的藤蔓。

所以我就想，这个宁静的高山和我们的清风明月其实是对应的。苏轼之所以在那个地方能写出《赤壁赋》，使之成为千古之赋、千古奇文，是因为以前的人没有去过，后来的人也很少去，可以说是无人之境，而苏轼把这种心情第一次写出来了。那么在科学上同样可以去探索，我们做科学研究总是在找一个空间，这个空间就属于你要研究的范畴，然后在其中找到它的基本元素、关系、测度，进而把它展示出来，这就是科学研究的本职。做学问最高的境界，就是要找到并进入这样一个境界，那里一定是别人没有到达过的地方。苏轼当时被朝廷放逐，放浪于山水之间，来到一个全新的空间，由此诞生了《赤壁赋》。

任何一个新的领域总是有一个探索期，这个探索期就是登无人之境。以前没有人想过这个问题，只有你"进去"了，这个时候你是很孤独的，也没有多少人能够帮你。等进入开发阶段，第二个人才开始跟风。大部分人搞科研就是这么回事。比如神经网络是新发现的一个研究点，如同路灯，吸引了一些学者在此聚集探索、寻找答案，有可能答案根本不在这里，但是没有办法，只有这里有灯光，其他的地方没有。第三个阶段就是踩踏了，一旦开始找，有人在某个地方找到答案了，大家就全都来了，就好像踩踏事件。比如人工智能热潮来的时候，投资人和搞科研的人全都蜂拥而上。

我觉得这就跟我们的科学战略有关：你把你的科研定位在哪一个阶段？你是想去前沿探索，还是在路灯下去找，还是想在跟风踩踏的阶段呢？我估计至少大部分人是跟风的时候进去的，还有一部分人可能是在路灯的阶段进去的，大概只有极少数的人，可能万分之一的人，是在清风明月里，他们也享受到了这种意境带给自己的快感。像苏轼所说，江上清风、山间明月，他享受这个探索的过程。至于说自己的文章会不会得奖，或者说有没有人来引用，这部分极少数的人并不在意。将来教科书上有他的名字，就跟苏轼一样，过了近1000年还存在，这就足够了。我们的整个人生到底定位在哪一个阶段？我想在北大，大家可以定位得更远一点，去追求清风明月的境界。

从整个国家来看，从一个集体来看，有一个有意思的现象。做科研的布局就像下围棋，比如说你发一篇文章就相当于围棋布局一样，但可能刚布好了局，别人马上就发一篇文章把你的覆盖了。如果你能够在布局以后达到所谓的整个连通，那你就是大师了。但是从国家的层面来看，因为上面的人看不到底下的棋盘，偶尔有个成果冒上来了，大家一哄而上去搞，跟打篮球一样，但如果球员都去抢球的话，可能最后大家都跑得很累还拿不到球。什么东西有经费支持就去干什么，这是我所看到的科研生态。你到底是在下棋还是在打篮球？你到底是把自己布局在哪一个层面上？这是我们要考虑的问题，就是如何定位的问题。

再读《赤壁赋》：入世出世的平衡

40多岁以后，我再去三读《赤壁赋》，还是会想苏轼为什么会想到周瑜、曹操以及人生的价值。后来我去读中国的一些传统儒释道经典的时候，就发现我们人工智能里的很多模型跟我们前人的思想对上了，他们思考的很多问题跟我们思考的问题是一样的。因为我们如果要做通用人工智能的话，也需要给智能体赋予三观。我常说我们这一代人相当于机器人的孔子，要给它们赋予三观，只不过孔子所倡导的三观是用文字表达出来的，而我们现在必须用数学模型把三观表达出来，才能够输入计算机。

这里必须讲到出世和入世平衡的问题。一个人一会儿想干大事，一会儿又觉得自己太渺小了，找不到一个平衡点，我想我们每个人都有这种挣扎。苏轼当时思考变与不变、无穷与有限，"寄蜉蝣于天地，渺沧海之一粟。哀吾生之须臾，羡长江之无穷"。人生的博弈如果只是有限的几次博弈，那没什么意义，只有无穷地博弈下去才有意义。

西方人信仰宗教，所以总是有一个永恒的、无穷的东西来解决人的信仰问题。我们中国人大多是不信宗教的，我们不信永恒的时间，那我们信什么呢？这就是我们一直在挣扎的关键，因为我们是有限的，我们承认生命是有限的，死亡以后没有鬼神。在儒家的思想里是没有无穷的概念的。在中国哲学里，儒学从宋朝就开始没落了。儒学是从汉朝的时候兴起的，汉朝以后佛教传进来了，佛教里的模型是很大的，把整个人生的轮回都想得很清楚，我认为比我们儒家想得更清楚。孔子说"未知生，焉知死"，不讨论死亡和死后的事情，鬼神的事情他也不讨论，人生长久的事情他也不讨论。但是别人讨论了，而且某些方面更先进。

宋朝的时候，朱熹提出理学，他是儒学的集大成者，想要重新振兴儒学。后来明朝的王阳明又发展了心学。心学和理学的辩论在中国的思想史上是很重要的一场辩论。理学认为所有的东西都是理，是自然万物和人类社会的根本法则，人和世界都是按照某种天理在运作，天理由一个数学模型在驱动着，世界之所以混乱就是因为人欲太强了，人的欲望不符合天理，所以说"存天理，灭人欲"，由外而内，"格物致知"。王阳明说格物致知不可行，认为"心即理""心外无物"，内心的价值观更重要，所谓从内而外，"内圣外王"。

西方的道德里也有同样的问题，康德的墓志铭就涉及这个问题。在康德的时代，牛顿用物理系统把天上和地上的物理运动全部解释完了，也就是说世界上的东西都是按照天理，按照牛顿的系统来运作的。但是康德又觉得存在自由意志，所以就讲到了有两种东西让他反复在思考——头顶的星空和心中的道德。我认为，心中的道德就是王阳明说的心中的各种欲望，星空就是指按照天理来运行的世界。

不管是东方哲学还是西方哲学，都希望回答理和心的平衡这个问题，这是有哲学深度的一个问题，也是人工智能的最高境界，我试着来回答一下这个问题。我们在做人工智能模型的时候有两套系统：一套是 U 系统，一套是 V 系统。这两套系统驱动着我们生活中的方方面面，在建模的时候，我们回避不了这个问题。

首先来说 U 系统。我们生活在一个社会系统里，假设把所有事情都简化，把世界上的物体变成一个质点。你的状态是个向量，比如你的年龄、社会地位、银行账户存款、工资额，都可以用一个向量表示。我们生活在这个社会系统里，会和其他很多人产生各种各样的关系，比如父母、子女、配偶、同事，一旦建立了某种关系，就可以说两个向量之间产生了约束。这个约束往往是非对称的，你推动我就是一种社会规范，面对某种规范你该怎么做……这些东西连在一起就形成了一种合力。按照儒家的理学思想，我们只是这个大系统里面的一个粒子，按照这个系统来运行，即按照天理运行。所以儒家把很多东西都规定得很清楚，君君臣臣、父父子子，儒家在社会规范上非常发达。这种社会关系在佛教里叫作缘分，缘分在很短的时间内存在，有可能会消失，这叫作空。如果谈出世的话，那就是斩断这些关系，相当于把 U 系统给简化了、降维了。

同时，我们内心又有一个 V 系统，它是在进化过程中形成的，有三个尺度。我们天生有各种各样的需求，使我们的各种激素形成的这些化学元素构成了我们的价值观，哪些东西好、哪些东西坏、哪些东西美，我们都有判断标准。根据这个系统，我们每个人都希望实现自己的最大价值，这就是心。我们在执行价值函数的过程中，去追求自己认为好的东西，这是一种内心的驱动力。

也就是说，我们每个人有两套系统：一套是社会规范，告诉你怎么做；另外一套是内心的东西，因为内心的好多东西可能是不符合社会规范的，特别是不符合原来的社会规范。我们把价值函数定义在 Z 上，Z 是流态，就是可被改变的状态。既然 U 和 V 都是我们定义的两套函数，那么最后我们就可以达到一个平衡，这个时候就比较平静了。你心里想的和别人让你做的是一致的，这就是一种平衡。

这个平衡就是孔子说的，"三十而立，四十而不惑，五十而知天命，六十而耳顺，七十而从心所欲，不逾矩"。"从心所欲"就是根据自己的价值观想怎么干就怎么干，"矩"是天理。孔子还没有那么偏执的观念，但是到朱熹的时候儒学就发展得比较偏执了，"存天理，灭人欲"。后来人们发现，人心总是突破"天理"这个东西，社会的进步总是伴随着心不断地突破理。在中国，在五四运动的几百年之前，为什么科学没有发展，经济发展得不好，我认为很大程度上就是把心给压制了，不许你有创造力，不许你想别的东西，跟着这个 U 系统运行就行了。但是真正的社会发展是被 V 系统所驱动的，现在所谓的商业的发展都是在开发 V 系统。搞投资的也好，搞产品开发的也好，总是去了解用户的需求，用户哪个需求没被满足，就开始创造一个新的服务或者一个新的产品，然后这个新的产品就变成我们社会生活的一部分。因为我们有需求，我们的价值观 V 就被定义在那里。当然也有人可能会说我们这套系统是欲望，欲望造成了我们社会中的很多痛苦，不要去纵欲，这是理学的说法。所以达到理和心的平衡是一种境界。

但是这种平衡有很多种，我们每个人有不同的 U，有不同的 V。所以苏轼当时就在想这件事情：出世的一种方式就是先把 U 给斩断了，别有那么多人来牵制我，我就在一个小的 U 系统里生活、过小日子，把 U 斩断，不需要那么多朋友；第二种方式是把 V 系统给干掉，也就是把欲望消除，佛教里有很多戒律，"不生不灭，不垢不净，不增不减"，就是说把 V 函数全部拉平，你眼中没有好坏，没有干净和污垢，一旦价值函数的空间非常窄小，行为空间也就非常窄小。我们每个人都要达到一种平衡，但是这个平衡点在哪儿？在多大的空间里达到平衡？这就是苏轼谈到的问题。

苏轼在朝廷里正风光的时候突然一下子被调到黄州去了，他一辈子被贬来贬去的，在不同的位置上达成新的平衡。苏轼在游赤壁忘不了周瑜、曹操那些人大开大合的时候，自己又变成一个无足轻重的人，像蜉蝣一样漂泊于天地之间。有的人达到的是小平衡，而苏轼在小平衡里又开始想大平衡。我觉得这就是他当时的一个意境、境界。我们每个人也都拥有属于自己的人生，在不同阶段面临高低起伏的时候，就需要调整内心的平衡，想清楚人生该怎么过。这是对《赤壁赋》的第三种解读。

最后，他其实是自己在安慰自己，那个"客"、那个"人"都是他自己，他心里还是在想大事，但是他在平衡。前段时间我看了一个报道，说我们北大的学生中有一部分得了"空心病"，迷失了自我。我估计这是个普遍存在的现象。这时候就看你怎么样去定义你的U、怎么样去定义你的V。你在遭遇低谷的时候，不能整个人就放弃崩溃了，要多想一想怎么达成这个平衡。苏轼是值得大家学习的。在任何时候他都想去调整、平衡，至少自得其乐。我觉得如果你有能力、有机会，当然希望能够实现自我价值，达到一个较好的平衡；可际遇不好的时候，也需要思考怎么样去调整自己。

如果做总结的话，就是"三不朽"的人生观。搞清楚我生活的意义是什么，再去调整、平衡。"三不朽"是中国人的一种价值观。春秋时期的范宣子，一个富家子弟，他说范家经历了那么多个朝代，一直香火未断，家世显赫，均为贵族，是否算得不朽。叔孙豹否定说不算，他说："太上有立德，其次有立功，其次有立言，虽久不废，此之谓不朽。"所以说中国人没有天堂和地狱之说，没有来生再世之说，我们认为唯一能够不朽的东西就是立德、立功、立言这三样。立德就是培养高尚的道德品质，通过个人道德修养给人们树立榜样；立功就是为人民做好事，建立伟大功勋，比如说像毛泽东同志；立言就相当于通过著书立说传播某种定理、真理，对后世也能产生深远影响。我们搞科研的人往往是在立言，但是如果你的科研能转化为对大众有益的成果，那就可以称为立功。同时达到三个维度是很难的，基本上是不可能的。

关于所谓的不朽，我建立了这样一个模型。假设一个二维结构里有三个维度——立德、立功、立言。一般的人要达到三不朽是不可能的，大部分人可能为零，即既没立过言，也没立过功，更没立过德，这样过完一生，就是零、原点。我把它叫作人生的黑洞，就相当于你活了一辈子以后也没人知道你活过，没有任何关于你的信息留下来，这就是一种信息黑洞。但是，想达到不朽也是很难的。人生假如说有一个初始，就是你生下来的家境、运势，然后你努力往上走，越往上速度就要越快，因为不努力你就要掉下去了，如果最后能达到不掉下去，那就算不朽了，这是我的一个解释，即立功、立言。这在某种程度上也可以说是"内卷",因为大家都怕掉下去,所以非常焦虑,我们现在就生活在这样一个时代。

这就又要谈到中国人的宗教。1919年2月,正好是新文化运动之前,胡适发表了一篇文章,题目是《不朽——我的宗教》,他也在问自己活着的意义是什么。我们中国人的宗教其实是这个。我们不信来生再世,也不信天堂地狱,那我们信什么呢?胡适的回答是要从社会系统的角度看待一切事物,我们只是其中的一个小分子,在某一个小的时间段里活着,但一个小分子可以发挥其个体价值去影响下一代人,接着下一代人又往下影响,这样这个系统就能无限叠加发展下去。比如像孔子或者苏轼这样的人,就能一直影响很多代人。每个人的自我意识里都有一些"值",每个值都有一个价值,比如说你希望你的儿子生活得好、希望你的孙子生活得好,那他的价值越高,你就觉得你活得越有意义。我们每个人想达至无穷,就相当于将自己的一个生活体验,加上下一代或者学生的,再对群体的影响力进行求和。这就是无穷,就是不朽了,所以这是个体的影响力。胡适的社会不朽论就是在讲每个人和整个社会的不朽。我们的人民英雄纪念碑正面镌刻着"人民英雄永垂不朽",那些牺牲的人很多都是没有留下名字的英雄,但是他们是不朽的,碑就立在那个地方,这就是一种不朽,叫作价值的无穷传递,是从有穷到无穷,这是中国人的一种价值观。也就是我们希望能够影响更多的人,影响这个世界,让其他人生活得更美好,我们要为人类奋斗。这就是我的回答。

最后我给大家留个寄语——"登无人之境,享清风明月"。作为个体来说,要平衡天理与心欲,平衡 U 和 V,就像苏轼一样,这样才能活出精彩的人生。

朱松纯与学生合影

微语录

※ 做学问的本质,就是登无人之境。在这一点上,苏轼和爱因斯坦是相通的,或者说文学和科学是相通的。

※ 探索科学前沿就像是在清风明月的夜晚,科学家能享受"江上之清风,与山间之明月"。

※ 追寻无人之境，首先要找到一个新的空间。这个空间可以是一个抽象的数学空间，也可以是一个图像空间、几何形状的空间、感知的空间。做学问就是去探索与领略这种空间的结构和奥妙，最后将其描绘出来。

※ 与强调客观性的自然科学不同，人工智能追求主观和客观的融合，因为只有在拥有主观认知的基础上才能丰富对客观世界的感受。

※ 人工智能面临的最复杂的问题是如何做到"知行合一"，达到社会规范和内心价值观两个系统的统一。"理"对应 U 系统，即社会规范的数学表达；"心"对应 V 系统，即价值观、内心的驱动力。真正的社会进步发生在"心"（V 系统）不断突破"理"（U 系统）束缚的过程中。

※ 苏轼的一生波澜起伏，他的思想境界也在高维空间的"大平衡"和降维空间的"小平衡"中反复变换。实际上，每个人的人生都是如此，需要在社会规范和个人价值追求的冲突与统一中反复调节，找到内心的平衡点。

※ 小科学是在某一具体领域深入钻研的学科；大科学是综合的科学，需要投入团队、系统的力量，建立全新的科研机制，将简单的理论通过复杂的工程变

成现实（例如人工智能）。

※ 目前，科学面对的很多问题都是复杂的大问题，例如人工智能。按照西方的科研体制将一个大问题分解成很多小问题再逐一解决的方法已无法适应现在的科研课题，我们需要探索新的科学模式。我认为中国的"大一统"思想更适用于当下的科研环境，可以通过跨学科的团队合作去探索更宏大的科研课题。

※ 系统是一个不断变化的动态过程，社会也在不断演化，人工智能所研究的智能体要想融入社会，就要符合社会的价值观，要具有自主学习的能力，不断更新迭代、自动适应社会的变化。

※ 做科研要"登无人之境，享清风明月"；做人要平天理心欲，活精彩人生。

业精于勤，上下求索

拥抱不确定性，摆脱同行者压力

段慧玲

段慧玲，北京大学工学院院长，北京大学博雅讲席教授，中国科学院院士。主要研究方向为界面力学、流固耦合力学。获国家自然科学奖二等奖、全国创新争先奖、中国青年科技奖、中国青年女科学家奖、全国三八红旗手、宝钢教育基金会优秀教师特等奖、北京市优秀研究生指导教师，以及德国洪堡研究奖等奖励。任国际理论与应用力学联盟（IUTAM）固体力学委员会委员、国际工学院院长理事会执行委员会委员、国际固体力学顶级期刊 Journal of the Mechanics and Physics of Solids 编委，入选美国机械工程师学会会士（ASME Fellow）。

勤奋、自律、审慎、诚实，走出同行者压力。

段慧玲

2020.11.13

放眼长观,调试自我压力

段慧玲：今天我想说说有关同行者压力（peer pressure）的问题。实际上 peer 就是同行者，比如说发一篇文章，在国际送审时要发给你的同行评价，这就是 peer。Peer pressure 就是我们从同年龄段、同行的人中感受到的压力。我今天想分享两个词，一个是 peer pressure，另一个就是不确定性。现在大家能够感受到很多不确定性，因此有很大的压力。在这种情况下，我们应该保持一种什么样的心态，这非常重要。我认为无论身处何种境地，大家内心都应该保持足够的平静。

我原来教过许多大学一年级的学生，当时是教"高等数学"，我教了将近七八年的时间，发现学生们的变化非常大。比如说新生刚入学的时候，第一次上课，大家来得特别早，用书占座，认真听课。等到开学一个月的"十一"长假之后，马上要上课了，竟然教室里还没几个人，我还以为走错教室了。最后很多人踩着上课铃声来了，一只手拿着一杯豆浆，另一只手拎着一袋包子，教室里到处都"洋溢"着饭的味道。由此，我特别能感受到学生们由新生变老生的速度非常快，刚入学时还是高中的状态，很快就变成懒洋洋的状态。此外，那时的新教师要担任班主任，从学生大一开始带他们。我发现特别是在第一学期期中考试结束之后，大家的状态就又出现了变化，因为成绩重新排名了，大家发现自己的 peer 不一样了。在高中的时候，你是最好的，而如今这个群体里都是最好的学生，他们构成了新的同行者，你会发现自己可能变成了中等生，甚至变成了成绩更靠后的学生。这时候心理问题就出现了：有的同学能够克服这种不平衡的状态，变得更加优秀；有的同学的状态可能就不是很好。所以我觉得我们每个同学首先都要树立一个好的心态，相应地，家长也要树立好的心态。

我们常说"不能输在起跑线上"，但实际上只要你肯努力就什么时候都不晚。我们如今按照传统的教学是大家一学期上好多课，很多学生开玩笑说上的课越多，将来成功的概率就越小。我在之前访问的学校中发现许多课程是目标导向的，比方说有一门讨论课，四个人一组，一起合作一个项目，每个人扮演自己的角色，老师给学生出题目，比如观察蚂蚱或者鸟的运动、习性，然后大家合作完成一个报告。学生在做这个项目的过程中要去学习、调研，做一系列工作；在这个团队中，大家彰显的合作精神非常好。我当时跟那所学校的本科生聊天，有学生说他去谷歌就职做创新，带领一个小的团队为谷歌的下一代产品做设计。我和那所学校的校长交流，校长说："我调研过的学生大都做得非常好。"我还认识一个同学，在课堂上，好几个老师给定的题目他都做不出来，也不想做，他的导师没有办法，让他自己去选题，他就选了个自己感兴趣的题目，采用上述那个项目的思路去做，最后他毕业后工作也非常顺利。

所以大家不要焦虑，教育其实有很多种方式，考试考得不好不一定代表没有学好，把内心真正的动力激发出来更重要。不要永远盯着自己的周围，看着分数和眼前的东西焦虑，也不能只下决心好好学习，没过几天又放弃了。要内心平静并树立长远的目标，看长远一点，然后不断地努力。

另外，我认为北大的一些同学可能存在沟通的问题，就是实际做出来的东西挺好，但不会表达出来，因此大家也要去训练跟别人交流沟通的能力，去释放心理压力。我觉得分数导向的焦虑部分也来自这里。大家尽可能不要和他人做比较，人的天赋和擅长的东西是不一样的，要相信自己可能在其他方面的能力和特长更突出。虽然说我们要尽力克服自己的缺点，但如果只是因为有比我们优秀的人同行，自己就睡不着觉了，那真的没有必要，我们应该保持平和的心态。最后，我想说在团队中，大家要练习协作能力、沟通能力，每个人都愿意听到赞美的声音以及与自己一样的声音，不愿意听不同的声音，但我想我们（包括我自己在内）都要提醒自己，要善于倾听和接受一些不同的声音，这样才能让自己不断进步。

坚定目标，与不确定为伴

段慧玲：现在大家都在学校里，同行者的价值观和道德底线都差不多，相处起来就很融洽。但是将来走向社会的时候，你会越来越发现，周围的人和你很不一样，这时候你必须有一种基本的能力，就是坚守自己的底线和价值观。所谓ethics，翻译过来就是伦理或者底线，你们这代人，因为受教育的经历差不多，一旦都树立起较高的道德底线，社会进步就非常容易了。不同年代出生、不同年龄段的人的价值观可能会不太一样，社会发展程度也不一样，所以我想对大家说的是，要让自己的内心变得强大。

不确定性是好事也是坏事。对于人来说，唯一确定的东西就是死亡，其他东西都是不确定的。不确定性其实带来了很多正面的东西，有一句话大概意思是"今天我在台下看戏，明天戏台上演的便是我的故事"，这是一个很大的梦想，因此不确定性为你的努力创造了无限的可能。像我这个年龄段的人，大学毕业的时候是包分配的，不去报到都不行，这是确定性的；但是当时去找确定性的那些人中的很大一部分，后来在大环境中也没什么进取心，反而限制了自己能力的提高。不要把自己放在舒适区，要去经历人生不同的尝试，生命就是一个过程，它拥有很多不确定性，自己处在不确定性中才能进步。以后你慢慢会体会到没有人能够陪你一辈子，在生命的过程中我们会在不同年龄段遇到不同的同行者，和他们融洽地相处，从他们那里学到新的东西，愉快地生活并使自己进步是最重要的。

同学们应该把生命看成一个过程，不确定性让大家面临很多挑战，遇到了不同的同行者，要把同行者带来的压力最终转换为动力。

我觉得可能现在造成你们焦虑的另外一个原因就是，信息量太大，想要的东西太多。要在不同的年龄段为自己找寻具有确定性的点。比如说未来五年、七年要有自己明确的目标，根据重要性为各种事情排序，然后这五年就集中精力主要做这一件事情；每过五年目标可能都有变化，然后再去调整。对你们而言，大家抓住了非常好的机会，在18岁的时候考上了北大，那么在北大这四五年的时间里，如何让自己得以提升呢？一定要好好学习，不断进步。当然，学习不仅仅是为了提升GPA，更重要的是提升自己，要把后者当成第一目标。

我对大家的建议就是一定要有一个长远的目标，而且这个目标一定是有挑战性的。大家在30岁，尤其是25岁之前，接受新事物、学习新知识的能力是非常强的。一旦离开学校，系统地学习知识就很难了，因为你要面对各种压力。你们在吸收知识最好的年龄段，让自己吸收更多的东西，少些物质的考量，很多事情就水到渠成了。将来从业的时候，你就明确自己到底想干什么、不适合做什么，就会对自己有清晰的判断。我觉得对于北大的学生来说,大家应该从事高门槛的职业,因为这些职业意味着需要更强的能力,这样可能会对你们将来的成长成才更有帮助。

很多人都羡慕成功人士,但是实际上,最接近老百姓、有烟火气的生活才更容易让人获得幸福感。很多人光鲜亮丽,但内心不一定有幸福感。对父母、对下一代、对自己、对社会,我们都有自己的责任义务;我们活着就是一个过程,在这一过程中做点有意义的事情,努力实现自己的目标理想,同时传递正能量,回馈社会,这就很好。

你会发现靠自己努力实现的事情,是世界上最简单的事情。对大家来说,好好学习、提升自己就是世界上最简单的事情,其他没什么可纠结的;努力过但目标没实现也没什么好遗憾的,不要思前想后,那样心态就更乱了。在我体会到作为家长的压力之后,发现其实使孩子拥有正常的心态比他的成绩重要很多。

脚踏实地,与同行者共行

学生:老师好。我发现研究工科往往需要时间的积累,尤其是在研究生前期,只有我对专业领域的认识逐渐深入后才能思考产出。我们前期总是在输入知识,但这个输入的过程比较漫长,在这个过程中可能看到周围的人都有发表的论文,然而我还在这个地方积累,感觉这个输入、积累的过程是很艰难的。您以前有没有遇到过这种情况？您是怎样慢慢走过来的？

段慧玲：其实这是个很普遍的问题，我那时也遇到过。我觉得有两个状态，第一个要走进去，第二个要走出来。

走进去的过程往往是在周围人都出成果了，自己看着文献却做不出来，很着急。实际上看文献的关键在于你如何深刻地理解这个东西，这需要潜心地阅读。我们读博士的时候是要到图书馆去复印文献的，经常读一篇文章，里面有很多公式看不懂，于是就必须再去复印那些被引用的文章和相关的硕博论文一点点去尝试理解。我记得当时我为了写第一篇文章，用一年的时间把相关的博士论文全都推导了一遍，把我们系的十几个教授租借海外论文的资格全给用了。我们看完一篇文章，把细节彻底弄懂之后，自然就能想到这篇文章的创新之处和作者的思路了。等读完了一两百篇文章后，再选取五篇或十篇精读，向自己提问，时间长了就会总结出解决问题的方法、体系及其优缺点。我博士毕业的时候收拾办公室，大概收拾出来四大箱纸，都是打印的文献，里面有十几篇给装订成一册了。

我们自己的科研组常常跟踪世界上相关研究最好的五个组，然后定期讲讲阅读这些人的文献的收获。阅读后我会问两个问题：这篇文章最重要的发现是什么？它对你的课题有什么帮助？大家往往回答不上来，有的同学甚至沮丧得流泪了，但是只要能坚持下来，最终大家都会有所收获，心理也会变得更强大。所以说我们在每一次阅读中都要锻炼自己，比如自己讲述文献要点，让组里的同学能听懂，老师也会很满意，这就是逐渐进步的过程，最后自己可能还会有新的发现，并根据这一结论写一个有逻辑的报告发表出来，这就是循序渐进的过程，也是正确的科研训练。

实际上，认清自己所在的方向里最重要的问题就是走进去的过程；然后产生创新性的想法，最后做出结果并发表就是走出来的过程。这套训练对于做科研是非常重要的。

学生：老师您好。以前我以为进入大学后，就能学习各种各样的知识，不只是学习本专业的知识，还希望能培养自己健全的人格，即学习其他与世界相关的知识。我觉得未来的人才应该具备从多方面看问题、全方位认识问题的能力。我们这一代人现在存在一个很严重的问题，就是"卷"。如今正常的学习变成了扭曲的、"卷"的状态。这种恶性的竞争使我们在专业课上投入的精力越来越多，很少有时间学习更广泛的知识，因为担心自己在绩点还有排名上落后会影响之后的学习生活。您觉得我们如何避免这种"卷"带来的负面影响？

段慧玲：我觉得这涉及两个方面的问题：第一个是"内卷"，第二个是课程设置和兴趣分离。大家现在课业压力很大，想学其他知识，却担心分散精力对专业排名有影响。木桶效应是说我们要补短板，但是现在年轻人一定要竖起长板，人生就是这样，是一个选择的过程。在这个时间段，你应该做什么？我认为应该是竖长板。如果学有余力，再去学点其他的东西自然没有问题，但是如果专业课挂科了还想去学其他的东西，这就不对了。这个道理不只是对本科生，对研究生、对我也是一样的。比如我对科研的兴趣很多，但我不可能哪个方向都做，肯定得找到一个确定的方向。我们的精力是有限的，人生就是一个选择的过程，不可能什么都做好，但一定要把长板做长，然后再提升其他能力。我现在也一样，我几乎不承接企业的横向课题，因为我觉得我没那么多精力，做好基础研究、把学生带好就已经让我很忙碌了。

关于"内卷"，我的建议是要努力也要释怀。学习自然要精益求精，付出了很多努力，取得了一定成绩，但还要对自己有一个更高的要求。与此同时，不能跟别人攀比，一直和同行者做比较是不值得的。比如之前北大的青年教师、助理教授采取 tenure-track 预聘－长聘制度，入职六年后要参与国际评审，通过后才能获得永久教职，这就是同行者带来的压力。再比如说国家现在设立的国家杰出青年科学基金项目，每年都会对各个学校进行相互比较，可能你所在的学科只有五个名额，你的申请会由评审打分，再进行筛选，之后答辩，再筛选，每次评选都是这样的过程，因此你必须树立好的心态。大家可能会想："我为什么比别人差？我还有没有机会？我做不好怎么办？"谁都会有这种想法，一定要调整自己的心态，相信自己一定会做好。

大家不要给自己设很多边界，但要承认做事情一定是有边界的。学了偏微分方程就能发现，解是有约束和边界条件的，不是无边际的。人生也是这样，不可能事事都如你所愿；让自己心态平和，找到获得幸福感的方式就好。不幸福有时候是因为自己想要的太多了，有时候是因为自己做的太少了；但是只要有坚定的目标，认真去做，获得幸福是很简单的。

学生： 老师好。我马上就面临毕业，将来想担任教职、做科研。从老师您这么多年的经验来看，在这方面除了夯实自己的理论基础以外，还需要进行什么样的能力提升呢？做科研是一个非常辛苦的过程，最开始的时候大家都非常有热情，但是随着时间的变化，不确定性、挫折越来越多，热情被消磨，什么可以支持我们继续走下去？

段慧玲： 在大学里做教职，你会发现它能让你一直和年轻人在一起，保持一种开心有活力的状态。同时，在这个过程中你探索的都是未知的东西，由此不断提升自己对社会的认识、对自然界的认识、对工程的认识，并把这些传递给学生。我认为，这就是人生最大的快乐，尤其是你的培养使年轻人获得成长的时候。

但是做科研的过程确实是有挑战的，做博士、博士后，只要是接触新的东西就会有挑战。在这里我想让大家树立放眼全球的价值观，把自己放在一个更大的环境里，提升对自己的认知,逐渐了解自己的边界是什么——我想做什么,不想做什么;我想要什么,不想要什么;我能做什么,不能做什么。这样慢慢就不会纠结其他的东西了。

大家要有这样一种心态,在任何一个群体里都有合作和竞争,在家里也一样,比如父母一般都是一个强势一点,另外一个弱势一点,因为如果两个都强势就得吵起来了,这样"一强一弱"的配合,就形成了分工,进而创造一个比较融洽的家庭氛围。

最后,我希望大家能在不断的努力和挑战中找到一种内心的平衡,不去和别人比较,通过内在的驱动力使自己进步。

段慧玲为学生答疑解惑

微语录

※ 要把你内心真正的动力激发出来，这个很重要。面对诸多不确定性，我们要设立长远的、有挑战性的目标，在不确定性中找到具有确定性的点。

※ 不要只盯着你的周围，你越盯着眼前的这一点点东西，就会越焦虑。要看得长远一点，设立一个长远目标，然后不断努力。

※ 同学们要学会去交流沟通，不要在学习中过于分数导向，焦虑很多来源于此。

※ 年轻的时候要树立良好的价值观和道德底线，这很重要。你们这代人教育经历差不多，一旦都树立起较高的道德底线，就会推动社会进步。

※ 我们都要提醒自己，要善于倾听和接受一些不同的声音，这样才能让自己不断进步。

※ 不确定性会带来压力，但也意味着你努力了就能创造出无限的可能。

※ 要在"把长板做长"的基础上，寻找"补足短板"的机会。同学们现在这个阶段，最重要的是竖长板。人生就是这样，是一个选择的过程，不可能什么都要，一定是先"把长板做长"。

※ 你们要在吸收知识最好的年龄段学习更多的东西，

不要被物质的东西所束缚。只要你努力了，达到一定高度，很多事情都是水到渠成的。

※ 你努力了，目标没实现也没什么好遗憾的；但你没努力，就会造成一生的遗憾。

※ 科研要先从"走进去"做起，通过潜心阅读文献，深入科研世界；然后再努力做到"走出来"，走出阅读，走进实践，将头脑中的想法落地。

※ 一定要跟自己比，问自己是否尽心尽力了；不要总跟别人比，甚至陷入比较和焦虑的恶性循环。

※ 做事情一定是有边界的，人生的解也是有边界的，不可能事事都如你所愿；让自己心态平和，才能获得幸福。

※ 要找到一种内心的平衡，获得一种内在的驱动，不断挑战自己。

※ 我们要勤奋、自律、审慎、诚实，善于拥抱身边的不确定性，这样才能摆脱同行者压力。

选择与初心

李 彦

李彦，北京大学化学与分子工程学院教授，国家杰出青年科学基金获得者，教育部长江学者特聘教授。长期兼任 ACS Nano 副主编及 Chemical Society Reviews、Materials Horizons、Carbon、Nano Research 等期刊的顾问编委或编委，并先后担任多个国际学术组织的委员。20多年来坚持在碳纳米管研究领域耕耘，主要研究方向为纳米材料与纳米结构，在 Nature、Science 等刊物发表论文200余篇。获国家自然科学奖二等奖、高等学校科学研究优秀成果奖（科学技术）自然科学奖一等奖、北京市高等学校教学名师奖、北京大学优秀德育奖，全国优秀科技工作者、全国三八红旗手、中国化学会-赢创化学创新奖杰出科学家、北京大学十佳教师、北京大学十佳导师等荣誉。

初心在　得始终

靳
2017.4.1

不忘初心,方得始终

李彦:大家好,今天我想跟大家分享的主题是"选择与初心"。我想先谈一谈选择这个主题的原因。2015年的时候,我和同学们做过一期教授茶座的讨论,当时讨论的主题是"你自己的人生",那为什么今天又换了这样一个主题——"选择与初心"呢?

一个原因是我们每个人每时每刻都在不停地进行选择,不管是很小的事情,还是关系到你人生的大方向、大目标,选择时时刻刻困扰着我们。我们常说这样一句话——"不忘初心,方得始终"。"初心"到底是什么?其实我也一直很困惑。我认为,"初心"对于个人来说,从字面上来理解,就是你很早以前就想要的东西;或者从另一个角度来说,"初"也代表着一种本真,就是本能。所以说初心就是你自己最想要的东西,或者对你来说最重要的事情。

之所以选择这个主题来跟大家分享,还有一个原因是与我自己的人生经历有关。在我上学之前,我就有非常强烈的想当老师的愿望,因为我爸爸妈妈都是老师。在农村,老师教书育人,非常受人尊重,这是我最初对当老师的一个非常朴素的想法。随着年岁的增长,我的阅历逐渐增加,这个朴素的想法也发生了一点微调,但是成为一名老师的总目标是从来没有变过的。因为我有这个总目标,我的每一步选择都是朝这个方向去努力的,所以到目前为止,虽然不能说自己有多么成功,但是我对自己现在的工作和生活状态还是比较满意的。因此,我认为本着自己的初心去做一种选择,对人生来说是非常有益的。

临近初中毕业的时候,我有一个想法:要不要去考幼儿师范?因为那是我当老师的捷径,初中毕业再上三年幼儿师范就可以去当幼儿老师了。但是因为我当时成绩比较好,老师鼓励我上高中,于是我就想到我要考大学,大学毕业就可以回中学当老师。等我上大学以后,我又觉得当大学老师是我最想做的事情了,因为在大学里既可以和学生交流,又可以做研究,这种工作令我心驰神往。

我高考填报志愿的时候出了点意外。我第一志愿报了北京大学,我的成绩也达到了北大的分数线,但是我报考的是那时候比较热门的化学专业(那是在"学好数理化,走遍天下都不怕"的年代),并且选择了"不服从调剂"。正是因为不接受调剂,最终我无缘北大,来到了第二志愿的山东大学学习化学。我读书的时候,学校有公派出国交流学习的项目,但是在我们大三正准备参加这个项目的选拔考试的时候,公派出国的计划被取消了,我就只能留在山东大学继续读研究生。

我研究生毕业的时候,刚好赶上"读书无用论"最盛行的时候,人们都认为"卖茶叶蛋的比做导弹的厉害",因为卖茶叶蛋挣钱,做导弹不挣钱。大家都不考虑读博士,我身边也没有任何一个人支持我考博士，尽管我的父母是不阻拦我的，让我自己选，但是我的同学朋友都劝我不要考博士。可我自己心里很明确，我想当大学老师，就必须读博士，于是我就来到北大读博。我的一些同学当时硕士毕业就去高校工作了，可40岁的时候还是得去读博士，他们问我："你当时怎么就选择了读博呢？"我说："我没有想那么多，就只是因为想当老师，所以就读了。"

博士毕业时，我有两个选择：去中科院做博士后或者留在北大做博士后。在留本校的事情还没有确定的时候，我常在校园里溜达，一想到要离开最亲爱的母校我就特别伤心。还好最终我争取到了留在本校做博士后的名额。博士后出站的时候，有外国的教授邀请我去国外做研究，可是我当时有留校的机会，就想我一定要留下来，我一定要当老师，如果出国再回北大就不见得有我的位置了，我就这样毅然决然地留了下来。后来，我到国外去做访问学者，在那边也做得挺好的，他们希望我留在国外继续做研究，但我坚决要回来，再不回来北大教师这个位置就丢掉了，我一定要当一名北大的老师。

这中间的过程其实非常艰难。1996年，我刚生完孩子，已经是北大的副教授了。那时我住在学校分的筒子楼里，房间面积还不到15平方米，卫生条件也非常差，我当然很担心孩子该怎么养育。当时有一个公司从外地搬到北京，问我愿意不愿意到他们公司工作，他们许诺给一套望京的

200多平方米的复式单元房,开的工资也差不多是我当时在北大工资的10倍,可我还是毫不犹豫地拒绝了。其实过了几年我再回想那个过程的时候,自己也觉得奇怪,我竟然一点都没有犹豫,马上就说我不去。如果说再停顿一下,再仔细想一想的话,我可能会动摇。我住得很差、工资很低,连带孩子都没办法去应付的时候,人家给我这么好的一个机会,可是我当时就真的没有动心。为什么没有动心?就是因为当时完全是自己下意识的选择。如果我停顿下来琢磨琢磨,很可能就会非常痛苦和犹豫,因为两边对我来说都是特别有吸引力的:在北大工作是我最想做的事情,是我的初心;去公司工作,可以获得大房子、高工资,对我来说会带来生活翻天覆地的变化。正是因为我没有那么多的犹豫,就做出了这样的选择。

做研究也是这样。我主要研究碳纳米管,这个领域从1991年开始,中间起起伏伏,差不多在21世纪初的时候逐渐进入低谷,容易做的事情都做完了,剩下的事情非常难做,研究者都很痛苦。这个时候出现了新的材料——石墨烯,它和碳纳米管在结构上相似,它们的很多性质也相似,合成方法也相似,所以从碳纳米管转到石墨烯领域其实是很容易的,但就是在绝大多数人都转变研究方向的时候,我最后还是决定留在碳纳米管领域继续研究,因为做碳纳米管这么多年,我知道碳纳米管领域中最重要的问题是什么,最难的问题是什么,最需要解决的问题是什么。而且我在这个方向上已经做了很多年，有了一些自己的想法，如果我离开了，很大可能是不会有什么人进来，即使有新的人进来，他们大概又需要再花十几二十年才能积累到我已经积累的程度，那这个领域的发展就会受到影响，因此我觉得我应该留下来。我留不留下来，对这个领域的发展来说是不一样的。而那么多人都在研究的热门领域，就多我一个不多，少我一个不少。所以我就想，既然已经选择了碳纳米管领域，就要坚持一直做下去。尽管中间有一段时间我们的研究非常艰难，但是经过不懈的努力和坚持，终于把其中最难的一个基本问题解决了——虽然不能说完全解决了，但是我们提出了一种解决方案，对这个领域的研究产生了非常深刻的影响，许多研究者都备受鼓舞。所以，不论是做研究还是做自己职业规划的选择，我都比较坚持自己的想法，不大会受到环境和别人的影响，本着自己的愿望，明确自己想要什么，什么是对自己是最重要的，然后一往无前地坚持下去。

我做过的最重要的一个选择大概是在2001年的时候。我当时在美国，很多人都劝我别回国，但我毫不犹豫地回来了。我刚回国两三周的时候，学院的一位负责人突然跟我谈话，问我要不要接"普通化学"这门课，这令我喜出望外，因为当初留校的时候，我就特别想讲这门课，但是一直苦于没有机会，因为好几位老师都排在我前面。可是在我出国期间，排在我前面的两位老师在出国后都放弃了北大的教职,原来教这门课的老师退休以后就没有人接了。有老师劝我不要接这门课,说上大课太辛苦,太花时间精力了,而那个时候对教师的评价标准不在于教学,而在于科研,做好科研才能评教授。我当时在想:我为什么要当老师?当老师就是要上课呀!"普通化学"是化学与分子工程学院最重要的课程之一,以前没有机会教,好不容易给我这么一个机会,我一定不能让它溜走!所以我马上就把这门课接过来了。刚开始上课很辛苦,压力非常大,但是我坚持了下来。后来,我们的职称评价体系变了,教学成了重要的评价指标,如果想要提升职称,一定要承担本科生的教学工作。我的同事因此感叹我当时怎么那么有眼光,我说:"不是我有眼光,而是因为我没有想那么多。"我想当老师,教最重要的课,这无疑对我来说是最开心、最有成就感的。

后来,在我回国后大概一年的时候,美国化学会有个代表团来北大访问,把我们所有从美国回来的人都召集起来开座谈会,他们问我们为什么决定回到中国,当时我的回答是:"因为我想做一名好的教育者,只有语言和文化相通,我才能给学生更多的帮助。如果我留在美国,即使英语练得再好,跟学生也没有相同的文化背景,彼此之间的交流也无法做到最好。"

主动选择与被动选择

学生：您为什么会坚定地要学习化学呢？您在科学研究中肯定不会是一帆风顺的，那您遇到困难的时候是怎么坚持初心的呢？

李彦：大概在我 5 岁的时候，我爸爸在学校教的课是"理化"，就是物理和化学。有一天，我爸爸一大早就出门了，他回来的时候拿了很多牵牛花，又用他喝的老白干酒去泡这些牵牛花。我非常好奇地问他这是在做什么，他说他上课的时候会用到，可以指示酸和碱。我当时就觉得化学很神奇：为什么还可以用牵牛花的颜色来指示酸和碱？这件事情让我印象非常深刻，这是我化学最早的启蒙。从那个时候开始，我就对化学充满了兴趣。我上初中的时候，教化学的老师文化水平不是很高，没有接受过系统教育。尽管刚开始我没有碰到特别专业的老师，但我还是对化学很感兴趣。初中的时候，我就会看很多与化学有关的书，在家做实验：用装银翘感冒片的瓶子做实验，收集石灰、草木灰来泡水……我特别喜欢动手尝试，觉得做实验非常有趣。上高中以后，我遇到了特别好的化学老师，使我对化学产生了更加浓厚的兴趣。高考之前，化学老师和我说高考前不要再花时间学化学了，再学也不会涨分了。后来，高考时我化学考了 99 分。

为什么我选择了碳纳米管作为研究方向呢？最开始，做无机化学真的不是我的主动选择。上大学以后，有机化学和物理化学我都学得很好，我尤其喜欢学有机化学。到了大三的时候要分专业，无机化学报的人很少。我报的方向是高分子、胶化和有机，但是老师说要选一个成绩好的班干部去学无机，于是就"逼"我把志愿改成了无机化学。我是很不想去学无机的，我记得我哭得嗓子都说不出话来了，可是老师依然要我去学无机，没办法我就这样学了无机化学。分了专业方向后，在专业英语第一堂课上，老师组织考试，考过了可以免修这门课，我考了特别好的成绩。给我们上专业英语课的老师是一位很有名的教授，她可能觉得这个小姑娘不错，就让我到她的实验室去做科研，后来我在她的实验室做得很开心，就留在无机这边了。

再后来，也是一次非常偶然的机会，我接触到了碳纳米管。我在北大正式工作后，开始研究纳米材料，我研究的方向跟一位美国教授的非常一致，恰好有个公派去美国交流的机会，所以我就联系了他，他也很高兴邀请我去做访问学者。可是在刚开始办相关手续的时候就出现了问题，那所学校从那年开始不再接受理工科的访问学者，所以我就没办法去了。但是那时我原本带的实验课程已经交给了别人，我的研究生都已经安排给别的老师代为指导了，我没有任何工作可以做。刚好在此之前，我偶然发现我有一个大学同学刚刚开始在美国的一所大学当教授，我就问他能不能收留我一段时间。他是碳纳米管领域非常优秀的年轻科学家，那时他的实验室刚刚起步，于是我来到他在美国的实验室和他一起做碳纳米管的研究。对我来说，我感觉去做一个新的方向特别有意思，我们俩也配合得非常好。我逐渐对碳纳米管产生了浓厚的兴趣，所以回国以后就继续研究碳纳米管了。有的事情是被动的选择，可是它并没有偏离你的主流方向，它只是一段小的变奏曲。自始至终，我都是在做研究，在当老师。进入碳纳米管领域，对我来说是偶然的机遇，但是不离开碳纳米管领域，却是我的主动选择，而且是在有很多压力的情况下做出的一个选择。

科研上遇到问题的时候怎么办？做科研真的是特别难，难的事情对所有人都是一样难的。最困难的时候，我时常在夜里辗转反侧，难以入睡。但是一味地屈服于困难是没有用的，只能慢慢想办法，一点点去解决，实在做不下去的时候就先停下来，做点其他的事情，可能在做其他事情的时候，脑袋就突然开窍了，找到了解决问题的思路。

2006年的时候，要在碳纳米管领域做出研究成果真的非常难。我当时也想转方向。当时大家都知道碳纳米管的可控制备是最关键的问题，但所有人都想不出办法来，我也没有解决这个难题的办法。自然会想要不要换个研究方向，有一个选择就是做碳纳米管的生物学应用，于是我建了细胞间，还招了一个生物背景的研究生，就开始着手做了，可是进展比较慢。后来慢慢地对怎样去把碳纳米管结构变得可控有了些想法，所以我又把重心转回到碳纳米管可控生长的研究方向上，一直做下去。碰到困难，只要不放弃，不能说百分之百，但大部分时候你都可以想到一些办法去克服它。而且做科研还有一个好处，就是我们做基础研究，你朝着既定的这个目标去努力，有时会忽然发现它旁边的一件事情更重要，那么你就可能柳暗花明，从一村走到另一村去了。

学生：石墨与钻石都是由碳原子构成的，但因为其结构不同而有非常大的差异。做科研的过程中，我们好像在不停收集自己的"碳原子"，每个人的组合方式都不同，有的人做出了"钻石"，有的人做出了"石墨"。在这纷繁的选择中，我们如何保持初心，坚定地选择自己想要的结果呢？对于这个问题，我很疑惑，很想听一下老师的见解和教导，得到启发。

李彦：正如你所说，石墨和钻石的化学组成是一样的，但是结构和性质很不同。对于人来说，也有类似的地方。比如说我的初心就是做一个对社会有用的人，这是一个宏观的目标。实现目标的具体过程是成为一名老师，还是成为一个公司的工作人员或者成为一个公务员，都是可以的，都可以服务于这个社会。在具体的规划方面和现实情况不相匹配的时候，你就跳出来到一个更高的层次去想一想，从更宏观的角度或者回到根本的一个层次去思考自己最想成为一个什么样的人，这样在这个和自己原来那个小的目标不那么匹配的新的位置上去做，你仍然可成为自己原来想成为的那一类人。而且我刚才说过，我人生中两件重要的事情——学无机化学和做碳纳米管研究，都不是主动选择的结果，可是我最后都留下来了，我没有放弃。这和我原来的选择是不符合的，为什么我留下来了？是因为我认真地想了，在当下的条件下我没有别的选择。既然我确定要做这件事情了，那我就认真地去做，去了解它，慢慢地就会发现自己喜欢上它了，然后就可以继续做下去了。

另外，可能人和人是不一样的，像我在做很多选择的时候，我没有动摇过，所以说我最后做的事情和我的初心是一致的，我没有受到外界的干扰。如果你也像我这么坚定，最终你的选择和你的目标应该是会比较一致的。我们生活的那个年代，生存上是面临些压力的；而你们生活在现在这个年代，作为一个北大的学生，我相信找到一份能够保证你温饱的工作并不太难。在这种情况下，做选择的时候，就更可以按照自己的理想去选了。你在温饱都解决不了的时候，一边是温饱问题，一边是理想信念，做选择是很痛苦的。所以我觉得只要你的决心足够强，就一定能够实现自己的理想。

提高效率，学会取舍

学生：您的家庭和工作产生矛盾的时候，您怎么办？

李彦：这确实是一个问题，因为传统上来说，通常女性会承担更多的家庭责任，而我们做研究本身就是一个需要付出大量时间和精力的工作，即使全力以赴去做，也不见得能够做好。同时兼顾家庭和工作，确实有比较大的压力，但这并不是没有办法解决的。我在做研究的时候，有很好的规划、非常有效的一些方案。在美国的时候做实验，别人做一个实验，我同时在进行三个实验，三间实验室来回跑，别人休息的时候，我就不歇了。生活中也是同样的，我有很多小窍门，有些是源于我在科学研究中积累的经验。我做家务是很快的，因为我规划得好，洗菜、切菜、煮饭，怎么样去安排顺序最省时间。孩子上小学的时候，我每天都要给他做晚饭，我跟他一起坐班车回家以后，我保证他30分钟以内能吃上有三四个菜、荤素搭配、营养均衡的一顿饭。为什么好多人做不到这么快？因为我系统工程做得好、规划得好。所以，首先要想办法提高整体效率。

还有特别重要的一点就是学会舍弃，你不能什么都想要。比如说很多人都喜欢出去玩，去见见朋友，而我就放弃了娱乐消遣的时间；我也从来不戴任何首饰，只穿颜色简单的衣服，这样就不用花时间琢磨搭配。我做事情是这样，跟同学交流也是这样，非常直接，从来不拐弯抹角浪费时间。

他山之石，可以攻玉

学生：老师，当代人的苦闷太多，是因为选择太多吗？时代给了学生太多选择，怎样意识到自己何时该出手抓住机会？

李彦：我觉得你们这一代人能够挑来挑去，是你们最幸福的地方，因为你们有这个资本去选择。为什么这么说？我们那个时候是没有机会去选择的，因为我要是不停地变化选择，可能就会影响我的生活了。你在年轻的时候多尝试，这真的不是坏事情。你在接触更多的知识，更多不一样的文化、不一样的理念以后，再去看这个世界，你会发现自己在未来做事情的时候，思路会更开阔，不会局限于一个非常窄的方向，这肯定是好的一面。但是如果说你一直到40岁还没有想清楚要做什么，那肯定是有点晚了。差不多你在35岁以前，我觉得还是可以去做一些变来变去的选择的。另外，不管你现在在做什么，都要把当前的事情做好，因为你即使将来不做现在做的事情，去做另一件事了，这个阶段对你的培养和训练，也会让你收到一些意想不到的效果。

"他山之石，可以攻玉"，我特别赞赏这句话。所以对于你们来说，在心理学、新闻学、社会学方面培养的那些能力，在工作或研究的时候一定会给你带来好处，一定会给你带来和别人不一样的方法和思路。其实就是首先要认可现在的自己，接受自己，不要总是怀疑自己，这特别重要。从某种意义上来说，自我否定可以让你进步，因为会让你迎接更多的挑战，促使你给自己设定更高的目标。可你不能够接纳自己的时候，会感到非常苦恼，这就使得你的学习和工作都不会有好的状态。

面对建议，甄别思考

学生：您在做选择的时候，身边的人可能也会给您一些建议，那您是怎么看待这些建议然后做出选择的呢？

李彦：我从小性格就比较执拗，凡事都会按自己的想法去做。比如我在初中时，为了报考一个我想去的高中而绝食一个星期。我可能从小就比较有主见，我是家里的老大，妈妈身体不好，我们家孩子又比较多，所以很多事情都是由我做决定的，爸爸妈妈都给我选择的权利，没有哪件事情是我要这么做而爸爸妈妈坚决不同意的，可能就是这样养成了我的这种性格。每个人的性格都不一样，有的人就比较容易听从于别人。但是什么事情都是双刃剑，在我年轻的时候，实际上因为我的性格走了很多弯路。去听别人见解的时候，还是要有选择的，一定要听别人的见解，但是要分析这些见解对你未来的发展是不是真的有利。一方面，别人可以从另外的角度给你启发；另一方面，他其实并不真正了解你的需求，所以他的见解可能是不适合你的，所以你要去甄别、思考，这个很重要。在工作和生活的很多方面，我反而是年龄大了一点以后，才更多地听得进去别人的意见和建议了。

独立思考，虚心求教

学生：我研一的时候，导师让我做一个我自己想做的新课题，现在做到第二年了，现在在方案上虽然有了一点点进步，但是感觉没有人关注。不管是身边的师兄师姐，还是自己的老师，可能对这方面也不是那么了解，所以我有时候感觉很苦恼、很困难、很难受，都不知道该向谁求教。我想问的是：老师如果面对这样的情况会怎么办？

李彦：我特别理解你的这种状态。一个人开始新的课题确实是很苦的，因为你总是希望可以有些指导和讨论，没有得到帮助的时候就是很难，但是你可以换一种思路，去想它好的一面，那就是你想做什么都可以，没有人限制你，也没有人跟你抢，你可以有机会去做更多的尝试。除此之外，这件事还可以锻炼你的能力，因为你要独立思考。与此同时，你仍然要想办法去求助，因为你总是需要帮助的，这时候你可以找导师，即使他对你的方向不是那么熟悉，但是他了解得更多，有更多的经验，他是可以给你一些帮助的；再就是想想跟你做的研究相关的其他研究人员、老师、团队，如果他们的经验能够帮到你，你就想办法去跟他们交流，向他们学习，这样你可能就会学到东西了。这不仅可以提升你解决问题的能力，更是对你的心态、对你的承压能力的锻炼。

接纳自己，放眼未来

学生： 老师您好，我是物理学院的学生。我有时候不知道该如何接纳自己的优秀和平凡。能考进北大，我们当然是优秀的，可是做不到让学校为我们骄傲；我们当然也是平凡的，可是又怎么能安于平凡。希望老师可以分享如何在纷纷扰扰中找到自己、坚持自己、热爱自己。

李彦： 你觉得你面对的聪明孩子太多了，我可以理解这种感觉。每一个人都那么牛，在这个群体中你就有点不自信了，对吗？但是你要想到，可以说你是处在最聪明的、最热爱物理的一群年轻人当中，在这群人里，虽然你不在最领先的位置，可是你并没有掉队，对不对？没有掉队你就已经很厉害了。如果说将来你想在科研的道路上走下去，因为你有非常好的物理基础，做什么都是可以的，并不一定非得做专门的物理研究，你可以把你的物理学的基础理论用到其他研究中去，去做化学、做材料、做生物医学都可以的，在这些领域你都有你的独到优势。你未来的路很宽，一定不要觉得自己好像没有奔头一样，不要觉得自己不能跑到最前面就是掉队。你已经学到很多东西了，再根据自己的发展和兴趣决定将来要做的研究就可以了。

历经风雨，方见彩虹

学生：我感觉在生活中很多选择都是后验的，只有在做出之后才知道自己最真实的想法和感受，有的时候也会有"如果我做出那样的选择会怎样"的想法。在这样一种后验的选择中，怎么能够做出让自己不后悔的决定呢？

李彦：这是一个很难解决的问题。有的时候，可能你在做了一些选择以后，才发现那不是自己真正想要的，那么其实你在做了几次错的选择以后可能就清楚自己想要什么了，这就是你要去交的"学费"。经历了这个过程，明白了自己想要什么，那么在后面做选择的时候，可能就可以按照自己的本性去选择了，通常来说这个选择应该就是自己想要的了。很多人有可能是这样：做出了选择，最后出现的是一个不大成功的结局，就会因此而否定自己的选择。我不太喜欢这样的一种判定，只是因为没有成功，就认为自己的选择是错的，就去否定自己原来的想法、原来的本性、原来的初心。其实很多时候可以这样想：最后的结果就是我预想的结果,如果失败了,那么我会反思哪一步还可以做得更好一点,这样下次就有可能做得更成功一点。在这个过程中,你可以为将来的人生道路积累经验。所以说要走一些弯路、要去承受一些痛苦,这些都是人生的必经之路。

李彦与学生合影

微语录

※ 你最开始想要的东西就是初心,它代表着一种本真、一种本能,也代表着什么东西对你来说最重要。

※ 本着自己的初心去做选择,是对人生非常有益的做法。

※ 舍弃是特别重要的,你不能什么都想要。放弃不那么重要的东西,你的生活就简单了,简单的话就会高效。

※ 年轻的时候可以多尝试,接触更多知识、更多不一样的文化和理念,开阔你的眼界和思路。

※ 不管你现在在做什么,都要把这件事情做好,因为即使将来不做了,这个阶段对你的培养和训练,也可以让你收到一些意想不到的效果,所谓"他山之石,可以攻玉"。

※ 认可现在的自己,接纳自己的状态。虽然在某种意义上,自我否定给了你更多的挑战和目标,可以让你进步,但是不能接纳自己会使你苦恼。没有好的状态,工作、学习就不会有好的效果。

※ 学术创新有两类:一类是别人之前完全没有想过的,这个领域是你自己开拓的;一类是在别人基础上的创新。但不管哪种创新,都需要坚持。在这个领域里,你一直积累,有更深刻的认识,然后才能做创新的工作。

※ 所有的研究数据都是结果,没有好坏之分,关键在于你怎么去分析它、利用它。

※ 调整自己的心态,用积极正面的眼光看这个世界,

我们可能会看到它不完美的地方,但是更应该关注的是它好的一面,以及思考我们怎样做能让它不好的一面慢慢变好。

※ 开始的起点以及一步一步怎么走,比你开始做一件事的年龄更重要。

推动创新遍地开花

潘 维

潘维,北京大学国际关系学院比较政治学系教授,北京大学中国与世界研究中心主任。主要研究领域包括比较政治、比较政治理论、政治学方法论和中国社会与政府,讲授比较政治学、中国政治、中外政治制度比较、美国社会发展史、社会科学方法论等课程。出版《比较政治学理论与方法》《农民与市场:中国基层政权与乡镇企业》《信仰人民:中国共产党与中国政治传统》《士者弘毅》等著作。

让思想冲破牢笼！

潘维

2021.4.28

勇立潮头，创新引领时代

潘维：我们人类过去的财富是种植、养殖出来的，这种生产方式延续了大概7000年，也就是说我们人类主要的食品是从野生动植物培育而来的。所以当时的社会有一种治乱循环、兴衰循环的道理，没有什么社会进步的道理。

但是在300年前，人类的生产方式变了，也就是从种植、养殖财富变成了制造财富。种植、养殖的财富主要是能够催生更多的人口，而制造的财富几乎是功能无限的。它在供需两方面互相促进，而且是全时的，即24小时每分每秒都可以生产。至少在种植、养殖财富的后半个阶段，2000多年前甚至3000年前，中国一直在世界上处于领先地位，但是在制造财富的阶段就大幅落后了100多年，这就导致了后来说的"挨打、挨饿、挨骂"。由此产生了一种进步观，因为生产方式的进步，我们的政治共同体就出现了进步与否的问题，也就是国家有没有进步。这样就不是一个循环史观了，而是有了进步史观。所以我们说进步史观来自近代，是有道理的。

但是近几十年我们又变了，生产方式又发生了重大的变化。从制造财富变成创造财富了。创造什么财富呢？创造的是无形财富，比如说数字、软件，这些东西都没有形，不是物质实体。因此我们就有了这样的概念，即第一产业、第二产业、第三产业。第三产业，它的标准内涵就是无形财富的创造。

如果你在新的生产方式上再度落后，那就还要挨打、挨饿、挨骂；如果在新的生产方式上领先，那你就会强盛。于是，我们就会发现制造业时代好多社会研究成果的理论都会被突破，包括生产资料、所有制等，都是由制造到创造的过程。

创造财富决定一个国家、一个民族的前途。什么叫创造财富？就是思想创新。重要思想创新从哪来的呢？是从你的习惯来，从你的思想高度、看问题的角度来，从高等教育来，还有从我们整个鼓励创新的环境中来的。比如说我做博士论文，写草稿，反复通不过，这说明我没达到一般的培养标准。这一次努力让我知道了什么是必须说别人没说过的话，必须有别人没有过的观点。创新型国家不仅需要创新型政府，我们国家有"卡脖子"的技术，集中力量办大事，只有遍地创新才是创新。只有我们每一个人都努力去创新，才是创新。所以我会说，这是一个环境的问题，也是我们每一个人的习惯的问题。

中国有3000多年的"大一统"的历史实践，中华民族这个巨大群体的实践，以及这个群体所创造的传统理论，是一个思想的宝库，能够帮助我们从这百年来的"西学崇拜""西洋崇拜"及其思想桎梏中解放出来。我认为这是这个时代交给我们的任务，特别是在今天，在一个充满矛盾和变动的时代，更需要我们在思想上有所创新，这种创新是有非常大的实践意义的。

学生：我在上学期写作一门课程论文的时候，拜读过您的《论社会进步的标准》。我们一直在强调创新，但是我们作为本科生在创新的过程中到底能够做出多大贡献，或者说需要做到哪种程度？是不是在整个环境中极力地去强调提出一些新观点，会产生为创新而创新、忽视积累的思想风险呢？

潘维：大学本科低年级阶段，还没有了解清楚别人都做了些什么，谈不上创新。但是你需要培养这样一种信念：比如你看一本书，老师说这是经典，但是你可能并不欣赏它的观点，如果即便是这样你仍旧把历史上的书全给念完了的话，你就成"书虫子"了。很多人认为就是要读古典，我个人不这么看。孟子讲："尽信书，则不如无书。"读书的时候可以大概先把握一下书的意思，然后再想一想，自己可以在哪点上质疑书中的观点，或者说书中的观点在今天还有什么意义。你需要高效地知道别人到底都有什么观点，批判性地去思考以往的著作、以往的观点，然后为将来的创新做好准备。

我们通常说本科生不太可能做出创新，但是我们希望培养出一种历史观念：要做好创新准备，也就是说需要先知道别人都已经做了什么，然后再看看自己有没有可能突破已有的一些工作。如果能在本科阶段做好这么一个准备，那么大多数同学都会进入研究生阶段的学习，进而还有一小部分人将进入最高层次的知识领域，也就是到了博士阶段，博士阶段就要求创新了。

锐意进取，创新需要激情

潘维：今天的创新环境和其中的人没有达到实现创新的地步，不太适应创新，所以我们才说创新型中国是我们规划中的目标。我们要求有一个环境，可以培养我们每个学生去创新，我们还需要产学研的配合。现代社会和古代社会不一样，和种植、养殖财富时代不一样，这就要求我们有一个新的环境，培养个人对于创新的追求。那个人创新的追求来自什么呢？这就是我今天谈话的主题——创新与激情。

英国的罗素，不仅是哲学家，也是数学家，他的文笔特别好，获得了 1950 年的诺贝尔文学奖。他写过一部三卷本的自传，在自传的序言中他写道，"三种纯洁而无比强烈的激情支配着我的一生"。是激情带着他走向了未知之地，有的时候甚至是绝望之地，当然也有他所擅长的逻辑哲学领域，还有战后促进世界和平的运动，总之，他尝试了很多的领域。第一种激情是对爱情的渴望。这种渴望带给他狂喜，这种青春的激情带着他走向了一个新的世界。第二种激情是对知识的追求。我认为，他所讲的知识既包括理论知识也包括技术知识,总之是各种关于人的知识。对知识的追求是一种创新的动力,在理论和技术的创新方面是无限的,思想是无禁区的,是没有界限的,思想的触角是没有限度的,在这样的情况下我们才能够有所创新。第三种激情,他讲的是对人类苦难不可遏制的同情心。对最穷的人、最困难的人、最不幸的人持有一种关怀,这是最大的激情。

那激情到底是什么呢?我认为激情就是创新的前提条件,激情就是每个个体进行创新的动力,就是打破一切桎梏。我认为激情是一种理想主义,而这种理想主义恰恰是我们这个讲求功利的时代所特别需要的。

"计天下利,求万世名"是一种理想、一种追求,并不是每个人都能做到的,但是你有这个理想,跟没有这个理想是不一样的。儒家千千万万的儒生能够做到留名于天下即立于天下的,几乎都被历史记录下来了。另外,不要害怕。他们是人,我也是人,他们聪明我也不笨,我跟他们一样聪明,21世纪的聪明人不会比19世纪的聪明人少。如果你有了这样的信心,有了这样的追求,你就会往这方面努力。

一方面,创新需要适合创新的大环境和制度安排;另一方面,每个创新者都应该有自己的理想,在理想的引领下使自身本领有所提升,这就是毛主席讲的,"人是要有一点精神的"。一个民族也要有点精神,我相信,这个精神就是为了创新而不顾一切的精神。

打破枷锁，创新改变世界

学生：创新需要理论和实践的结合。您对于本科生和研究生在理论和实践结合方面有什么建议吗？

潘维：我希望北大的学生可以多参与社会实践，多关心现实问题。对于城市的治理、农村的治理以及国家之间的关系，全世界各个地方的事情都能知道一些，所谓"读万卷书，行万里路"。读书很重要，走路也很重要，但是读了书不走路恐怕是不行的。我认为实践是最重要的事情，读书在理论上有一定的造诣，随着时间的流逝可能会失效，理论如果不经过实践的检验就会被淘汰。与此同时，你要意识到，理论创新是一个过程，所有的理论都是这样。而且我希望你们有激情，在这种创新上不顾一切、不怕牺牲。在创新中你失去的只是锁链，得到的将是全世界。

我们当年"走路"的条件差，今天"走路"的条件好多了。现在可以在全世界各国旅行了，今天不管你走到世界上任何一个角落，都会见到中国人。我们已经富起来了，要想进一步强起来，就意味着大家需要了解全世界的事情，所以"走路"很重要，去访问很重要，跟全世界的人对话很重要，要懂得世界通用的东西。

中国人是要为世界做出很大贡献的。我们是一个很大的群体，大的贡献意味着你在理论上、在创新的气势上，不能输。我前几天参加一个会议，一位教授跟我说，1911年以后中国的理论全都是进口的，只有欧洲人有理论。用欧洲 18—19 世纪的理论，套用在中国的现实里，说"放之四海而皆准"。这样就太荒唐了。所以我说，我们一定要有创新，我们讲文化自信、理论自信，就是这个道理。为什么？因为我们担负着世界的责任。

学生：老师，我很想问您：您现在再去看您当年的博士论文，您觉得当时促使您做研究的激情是什么？并且您在做了这些研究以后，您是如何说服您的老师：我们是有自己的特点的，跟西方的话语体系是不一样的？

潘维：说到这篇博士论文，当时论文答辩委员会的老师比我的导师给这篇论文的评价更高。为什么呢？其实是因为学校坚决鼓励创新，也就是说在博士论文这个层次上，没有创新肯定无法通过答辩。只要有创新，他们就会欣赏你。

我的创新是什么？以我说的生产责任制为例子，农村生产责任制搞得越早、越彻底的地方，那里的农民适应市场的能力就越差；而生产责任制搞得越不彻底、人民公社的组织和精神保持得越完整的地方，那里的农民适应市场的能力就越强。这个观点比较新颖，尤其是跟我们的主流认识、跟中西方的主流认识都不一样。但是我论证得严谨，所有的漏洞到最后一章全给堵上了。在这种情况下，就不能不承认它是创新，所以其他的老师和我导师的评价不同，他们说这是里程碑式的研究。我认为这就是在培养我创新的习惯。

　　当然了，世界上各个地方的知识都是知识，那为什么我们能够形成强大的政治共同体呢？西方会用中国的阴阳学说来解释：你们是阴性文化，我们是阳性文化，无论输赢，我们最后都会站在上帝面前，我们都有一死，但是在上帝面前，我们说我们终生追求正义，为正义而战，没有向邪恶低头。如果你信来世的话，它就会这样解释。但是如果一个政治共同体过于追求宗教政治共同体，怎么能够长久和稳定呢？我们的政治共同体其实追求的就是养小孩、送老人这么一件事，就是家国，就是为了家才形成互助共同体，就是为了让大家过上好日子，这就是中国共产党人的初心与使命，"为中国人民谋幸福、为中华民族谋复兴"，为推动构建人类命运共同体而不懈努力。它回归了我们传统的治乱兴衰这样的一种说法。正因为有中华民族历史上的衰才有了今天我们的兴，过去我们乱，今天我们要大治。我们的目的就是谋幸福，为家庭谋幸福，为人民谋幸福，没有那么多宗教主义。

　　这种解释没有人提出过，西方的国际关系理论不是这样解释的。但是前提是我在这个领域里接受的是最好的教育，就是说不管是自由民主理论，还是国际关系理论，我熟知它们在讲些什么，所以我才能提出批评。我也没有什么不敢批判的，因为我知道创建这些理论的人都是跟我一样的普通人，都有七情六欲，他们并不比我聪明多少，我没有种族崇拜或者种族歧视的观念。只要思想冲破牢笼，就没什么可怕的，就可以创新。

所以，我现在做的研究就与怎样造福人类有关，希望这种研究能够直接造福人类。罗素说的第三种激情是什么？是对人类苦难不可遏制的怜悯、同情心。我认为，对爱情的渴望、对知识的追求以及对人类苦难的同情心，这三种激情交织在一起，就会成就一个伟大的人物。

潘维与学生合影

微语录

※ 创造财富决定一个国家、一个民族的前途，创造财富就是思想创新，思想创新需要个人习惯的养成，需要高等教育的投入，也需要创新环境的支持。

※ 个人创新的追求来自激情,正如罗素所说:"对爱情的渴望,对知识的追求,对人类苦难不可遏制的同情心,这三种纯洁而无比强烈的激情支配着我的一生。"

※ 一个时代有一个时代的新观念,不需要一味地沉迷在所谓的经典中,孟子说,"尽信书,则不如无书",可以通过他人的概括了解经典,在读经典的时候也应当做到反思。我们首先需要知道别人做了什么,才有可能创新,通过高效地、批判性地阅读经典,培养创新意识,做好创新的准备。

※ 希望北大的学生能够多参与社会实践,多关心现实问题,做到"读万卷书,行万里路"。读书很重要,但是读了书不走路恐怕还是不行。实践是最重要的,理论需要经过实践的检验;同时也要有文化自信、理论自信,在经过读书和理论学习后,实践时也会有不一样的感受。

※ 无论是文化的形式还是其内容实质,都有可能创新;中国的实践以及这个群体内部创造的传统理论与西学是完全不同的,能够帮助我们从近百年来的西学崇拜的思想桎梏中解放出来,寻求思想的突破和进步,这是这个时代交给我们的任务。

※ 理论创新是一个过程,我们的世界不仅仅是年轻人

的世界，理论的创新需要照顾到所有人群，包括那些停留在过去时代的人，所以我们要只做加法，不做减法，要保证理论创新的延续性。

※ 创新是一种个人习惯，而不是彻底颠覆传统的想法。我们要尊重既往的创新，今天的保守可能是当年的重大创新。

※ 一个时代的人有一个时代的追求和向往。轴心时代的文化创新和繁荣根源于生产方式和政治制度的变革，而今天很可能是一个创造经典的时代，一个科学上有所创造的时代，一个精神文明上有所创造的时代，所以历史眼光要放得长远一点。

※ 我们正处在一个生产方式发生巨变的时代、第二产业和第三产业交接混合的时代，生产的主要是无形的产品，精神和物质的平衡慢慢开始回归了，人们不再那么物质主义了，这也是一种文化的创新。

※ "计天下利，求万世名"是一种理想、一种追求，并不是每个人都能做到的。但是要有这个理想，要有这份勇气，以此作为自己的动力，所以说激情是必要的。

胸中书传有余香

孙来斌

孙来斌,北京大学马克思主义学院教授,教育部长江学者特聘教授,国家社科基金重大招标项目首席专家,中央马克思主义理论研究和建设工程重点项目首席专家。入选教育部新世纪优秀人才支持计划,武汉大学珞珈特聘教授,获评北京学联"我心目中的大先生"。发表学术论文200余篇,其中多篇被人民日报社、中共中央政策研究室、中共中央文献研究室等机构内参以及国家社会科学基金《成果要报》采用;出版学术著作多部,其中独著五部、主编及合著十余部。个人研究成果先后获得高等学校科学研究优秀成果奖(人文社会科学)、全国教育科学研究优秀成果奖、中国马克思主义研究基金会"马克思主义研究优秀成果奖"等。

胸中书气有余忠，

孙东东

2021.12.3

孙来斌：我今天讲的主题是"胸中书传有余香"，引自南宋词人辛弃疾的《虞美人·送赵达夫》。在座的各位同学专业不同，但都有一个共同的身份——我们都是北大的读书人，都是北大书生，所以今天就用这首词中的一句引入吧。"胸中书传有余香"，大意就是"腹有诗书气自华"。

我今天要和同学们分享三个篇章的内容——读书、写书、教书，这正是我平常的生活，分别对应品香、生香、传香。读书就是品香；写书就是努力地去生香、增香；教书就是全心全意地去传香，把书一代代传下去，把读书的种子一代代传下去。

读书如品香

孙来斌：关于读书的重要性有很多名言。比如17世纪法国哲学家笛卡尔讲过，"读一本好书，就是和许多高尚的人谈话"，18—19世纪德国思想家、诗人歌德引用过这句话。我长期关注的俄国革命民主主义者别林斯基说过"书是我们时代的生命"。他们的话我都非常赞同。

有的同学和老师总问我为什么经常坐在书房里，很少参加娱乐、锻炼活动，就连曾经钓鱼的爱好也丢了。因为对于现在的我而言，最舒服的事，就是一边喝茶，一边翻书，翻得高兴、喝得高兴的时候还会写些东西。如果紧急布置给我一个写作任务，我会感到很痛苦，但如果是边翻书、边喝茶、边写,我觉得还是很惬意的。一边品着茶香,一边闻着书香,偶尔写几句话,节奏不太快,又总是有活干,这种状态很好。

我的阅读范围根据我的学科背景、知识背景而定。我有马克思主义理论、经济学等学科背景,所以我关注的领域比较广泛。阅读得最多的是马克思主义理论的相关书籍,也读哲学史、经济思想史、教育史和政治学等相关学科的书。具体来说,我读得多的可能是马克思、恩格斯、列宁的著作,以及国内外学者对他们的最新研究,比如近期我就比较关注国外怎么研究马克思、怎么研究列宁,再以此为镜鉴,思考我们国内学者该如何做这方面的研究。

有同学问我,书这么多,读了以后也没什么印象怎么办,泛读和精读的关系该怎么处理。我和他们分享了自己的经历。在硕士和博士研究生阶段,我泛读了《列宁全集》,总共60卷,3000多万字。读了以后没印象是很正常的事,但通过泛读,我对列宁思想有了整体的把握。后来我结合当时的研究课题"列宁关于马克思主义理论教育思想研究"进行精读,把相关的篇章挑出来,把重要的段落用记号笔画出来,又做了电子版的笔记,最后摘录出来的笔记大概是30万字。这些精读篇目在全集中只占很小的一部分,但让我对相关内容有了更深刻的理解。

有的同学还关心怎么做笔记的问题。我办公室电脑里有一份列宁论马克思主义理论教育的电子版笔记,同学们可以来我的办公室看一看。我首先会把精读材料分篇，按照全集的结构先后做摘录，每段摘录都要提炼一个主题，再通过书目摘引把它们分类，最后我会做一个索引，供自己写作博士论文、完成课题任务时使用。

再比如说，我年轻时参加的第一个中央马克思主义理论研究和建设工程项目是2004年启动的，做经典著作的研究。这一任务是由中央编译局来完成的，京外的青年学者比较少，我那时三十几岁，在整个队伍中算是很年轻的。多数马工程专家的头发都是白的，至少是花白的。这个任务也挺重，要整理经典作家关于经济文化落后国家社会发展道路的论述。有关机构提出明确要求，要从《马克思恩格斯全集》《列宁全集》《斯大林全集》中把相关论述找出来。面对这样重的任务，我们一开始都感到头皮发麻。后来经过内部研讨，我们认为，相关论述也不是每卷、每篇里都有，主要集中在几个时间段，集中在关于俄国、中国、印度等国家的论述里，这样一下就把范围缩小了。我们再将这些论述精挑细选，做了一份"经典作家论经济文化落后国家"的读书笔记。最后的成果中，既有读书笔记的部分，也有国内外研究的动态部分，还有我们对这个问题的看法。基于这些材料，我和时任中央编译局副局长季正聚于2017年在人民出版社合作出版了一本名为《马克思主义经典作家关于经济文化落后国家社会发展道路的基本观点研究》的书，作为"马工程"重大课题的结项成果。

你们现在读书和我们当年读书相比，乃至于跟老一辈学者读书相比，方式是不一样的。《列宁全集》中就记载了列宁这样的传统读书人的读书笔记，他在有的地方做了摘录，有的地方写了自己的心得或几句评语，总共做了好多本笔记。再比如，列宁关于《帝国主义论》的读书笔记，都是手写的。我们这代人跟列宁这一代人相比，已经有部分的电子数据库，但是数据库不完整，没有中国知网，查阅文章时只能从一本本杂志中去翻，最简洁的方法就是通读中国人民大学"复印报刊资料"，看十年来有关马克思列宁主义的研究，从中寻找感兴趣的话题。所以，我们记笔记也是以传统笔记为主，辅之以电子笔记，来巩固传统笔记中获得的成果，在写文章时把它们"贴"上去，再加上阐释。你们现在的方法应该是以电子笔记为主，辅之以传统笔记。一开始读一本书时就应该把读书内容转换成自己的电子读书笔记，用笔记本电脑或者其他工具将重要内容记下来，同时要记录好材料的来源，这样写文章时就有依据了。这就好比做菜的材料都有了，后面就是运用什么方法、炒什么菜的问题了。

读书到底有什么用？我们为什么要读书？一般说来，就是学习相关专业知识，汲取思想的营养。比这个更高一层的，就是学习人家的研究方法，思考别人怎么切入话题、运用了哪些学科工具、运用了怎样的研究范式。我认为在人文社会科学的研究当中，方法的借鉴是很重要的。黑格尔讲过方法的重要性，他说："方法并不是外在的形式，而是内容的灵魂和概念。"恩格斯在为马克思的《政治经济学批判》一书写的书评中强调："马克思对于政治经济学的批判就是以这个方法作基础的，这个方法的制定，在我们看来是一个其意义不亚于唯物主义基本观点的成果。"恩格斯提到的这种方法，就是唯物辩证法。在这个意义上，也有学者把唯物辩证法称作马克思的另外一个伟大发现。

我第一次参加青年教师讲课比赛时，讲的是《帝国主义论》。那个时候我对方法层面的东西关注比较少，侧重讲《帝国主义论》的核心论断及其当代价值。后来我越来越意识到方法问题的重要性，意识到《帝国主义论》的方法论特征。比如，列宁给"帝国主义"下定义，核心的定义就是说帝国主义是垄断的资本主义，另外还有各种不同的定义，其中有的是从它的基本特征去讲的，有的是从它的历史地位去讲的，还有的是从帝国主义与整个世界经济体系的角度去讲的。所以我在《列宁帝国主义定义的方法论特征》一文中专门写了一段话："这一定义的形成，是基于对占有材料与运用材料、叙述方法与研究方法、逻辑严谨与表达通俗等方面关系的正确把握，体现了方法论的科学性；是基于对霍布森、希法亭、考茨基等人帝国主义定义的批判性考察，反映了方法论的批判性；是基于对帝国主义在特征、阶段、体系等方面内涵的多重界定，彰显了方法论的综合性。""科学性奠定原创的基础"，"批判性体现理论的超越""综合性彰显视角的全面"。"帝国主义"最简单的定义是"垄断的资本主义",而它最长的定义则有几百个字,这显现了"尽量简短的定义"与"尽量确切和完备的定义"之间的理论张力。下定义是科学研究的一个最基本的方法,你们的学士、硕士、博士学位论文,肯定都要从下定义开始,首先要讲清楚自己的研究对象。列宁追求"尽量简短的定义"与"尽量确切和完备的定义"之间的理论张力。下简单的定义,人人可为,但是过于简短的定义必然会舍弃和蒸发掉事物若干方面的环节,这样就难免失之偏颇。所以下定义又是一件比较难的事情,因为要给出一个尽可能确切的、全面而完整的定义,防止它的片面性。下定义既是一件简单的事,又是一件困难的事,那我们不应该从中得到一些方法论上的体悟吗?比如说关于什么是社会主义、什么是马克思主义、什么是人、什么是社会,都有各种各样的定义,你的定义要能够服众、得到公认,确实很难。

有的同学硕士读了三年,博士又读了四年,读得很辛苦。我认为,即便你们读书的时间很长,六七年,也还有个期限。我从二十几岁开始认真读书,现在已经五十多岁了,还在读书。要是三天没有碰书本,我就浑身不自在,我觉得自己还是个读书人。我到北大来教书,要对得起北大的学生,得看书,还得写点东西。这是我关于读书要讲的第一篇。

学生： 老师您如何看待中、西、马的经典原著之间的关系呢？我现在在马克思主义学院读书，对中华优秀传统文化也很感兴趣，觉得它们中间有贯通、融通的地方，想听听老师对此的看法。谢谢老师！

孙来斌： 这是个大问题，也是经常困扰很多人的问题。现在我们讲的马克思主义当然是发展中的马克思主义，既包括马克思、恩格斯的，也包括当代中国共产党人在理论上的创造创新。习近平总书记讲"不忘本来、吸收外来、面向未来"，实际上就回答了这个问题。

中国是后发现代化国家，肯定要把反映先发现代化国家的现代化规律中一般的东西、有用的东西吸收过来，从西方的各种理论当中吸取一些合理的因素。中国人最善于把别人好的东西吸收过来化为自己的东西。另外，我们要立足中国大地，马克思主义在中国要生根发芽、开花结果，肯定要跟我们的优秀传统文化相结合。习近平总书记强调，要"推进马克思主义基本原理同中国具体实际相结合、同中华优秀传统文化相结合"。

19世纪末20世纪初，关于马克思主义到底适不适合中国，其实有过讨论。有的人说，马克思的科学社会主义、未来的共产主义，不就是中国古人所说的大同社会吗？最早的资产阶级革命派、改良派，在20世纪初就有过相关争论。有的人还信誓旦旦地说，马克思主义、社会主义的追求，我们早就有了，比如太平天国就有类似的理想。事实上，二者在有一点上确实是相近的，那就是超越个体的天下情怀。但是那个时候中国人的思想肯定不是社会主义的，连空想社会主义的高度恐怕也没有达到，至少时代高度没有达到。空想社会主义是对资本主义矛盾的一种回应，是对资产阶级、无产阶级发展早期的理论表达，科学社会主义是科学的表达。中国古代思想产生的年代，还没有资本主义，只是在对人类利益整体关切的层面上与科学社会主义相近——这也是一种相近。所以古人讲："东海有圣人出焉，此心同也，此理同也。西海有圣人出焉，此心同也，此理同也。"清代的王韬、近代的梁启超等人也谈过有关问题。当然，梁启超更多地认为，马克思的科学社会主义在中国搞不成、不现实，是幻想。

我们现在去理解马克思主义和中华优秀传统文化的关系，在人类的整体利益关怀方面，还可以深掘。中华文化源远流长，中国的马克思主义和优秀传统文化怎么结合呢？这个问题很难三言两语说清楚。中国人民大学哲学院的陈先达先生关于这个问题写过几篇比较好的文章，北大的冯友兰先生、张岱年先生以前也写过一些相关文章。我自己最近的写作也涉及这个问题，但还没有想清楚，有朝一日想清楚了、发表了，你们可以批判性地考察一下。关于马克思主义和中华优秀传统文化，现在谈论的人很多，但能说服人的观点不多。你至少要找几个结合点,要说清楚它们结合的内在机理在哪里。我想马克思主义能在中国而不是在其他国家生根发芽,这个结合肯定是做得很成功的。但是,理论上怎么把它说清楚,中华优秀传统文化和马克思主义的共通之处、结合的基础在哪里,我们要一起来思考这个问题。

你提的这个问题很好,我也还在思考之中。在一些关于社会主义或关于无政府主义的论争当中,也有站在中华传统文化的角度去思考你提的这个问题的。

写书如生香

孙来斌:我要讲的第二篇是写书。写出一本好书就是生香。写书该怎么写?我们很多青年学者、青年教师都有疑问,我在此先引几句话:杜甫的"读书破万卷,下笔如有神",就把前面讲的读书跟写书联系起来了。读得多,写得就轻松。还有一位清代的学者孙洙,号"蘅塘退士",他说"熟读唐诗三百首,不会作诗也会吟",跟杜甫讲的意思差不多。

我出版的个人专著有五本,带着其他人一起写的有十多本了,译著有一本,文章有200多篇,在我的同龄人当中好像也算是高产的。但我最怕别人说我是个高产作家,我会表示：我不是作家，而是理论工作者，最想当思想家。所以我时常会叩问自己：数量是有了，质量有没有？到底是生香还是"添臭"？

有的老师问我，为什么春节休息的时候、值班的时候都能在办公室看到我，为什么要费这么大的功夫呢？我这样做既有内在的动力，想多出一些成果；也有外在的压力，比如课题研究的任务、领导布置的急活等等。我总觉得喝点茶，没人催我，慢慢写，是一件很幸福的事情。把思想火花变成白纸黑字，在政治报刊、专业期刊上发表，传到网上，大家点赞，当然会觉得愉悦。但有时候写文章也很痛苦，如果想说点新话、体现出一种新意，写文章就成了一件很熬人的事情。所以写文章既是一件很幸福的事，也是一件痛苦的事。对我而言，写文章已经成为一种习惯，可能酸甜苦辣都有，习惯了就好。

那怎样写作呢？这就涉及刚才提到的杜甫和蘅塘退士的话，读书与写书、研究与写作是分不开的。我的老师曾经跟我讲过元代程端礼的一段话，我以前理解不深，等过了40岁以后再读，就能稍微领悟一点了。程端礼说，"读书如销铜，聚铜入炉，大鞴扇之，不销不止，极用费力。作文如铸器，铜既销矣，随模铸器，一冶即成，只要识模，全不费力"，最后得出的结论是"所谓劳于读书，逸于作文者此也"。① 这是我们古人讲的读书与写作。

马克思论述过研究方法和叙述方法，有一段话的意思跟程端礼上面这段话表达的意思有相近之处。马克思在《资本论》第一卷第二版跋中写道（我也经常引用）："在形式上，叙述方法必须与研究方法不同。研究必须充分地占有材料，分析它的各种发展形式，探寻这些形式的内在联系。只有这项工作完成以后，现实的运动才能适当地叙述出来。这点一旦做到，材料的生命一旦在观念上反映出来，呈现在我们面前的就好像是一个先验的结构了。"这段话开始讲的是研究，研究遵循的思维路径是"从具体到抽象"，先占有各种各样的感性材料，再抽象出共同的本质，抽象时，就难免舍弃和蒸发掉一些方面和环节，这是第一个阶段。把材料琢磨清楚了，就要在理论上构建出来，遵循的路径是"从抽象到具体"，这里的抽象是理性的抽象、思维的抽象，这里的具体就是理性的具体，而"从具体到抽象"的具体则是感性的具体。由概念到判断，再到推理，最终把理论体系整个构建起来。这样一种结构在逻辑上显得很精致、很严谨，似乎就是一种先验的结构和形式。它当然是经过人们深思熟虑的一种表达，是经我们头脑改造

---

① 程端礼这段话的大意是读书就像熔化铜一样，把铜聚集起来放进火炉里，用大的鼓风器扇火炉，铜没有熔化鼓风器就要不停地扇，很费力气。作文好像浇制器皿，铜已熔化，按照模型浇制器皿，一浇就成功，只要能找出模型，根本不费力气。这叫作在读书上多用力，在作文时就轻松。

过的感性材料的形式,只不过是把感性材料在我们头脑中的表达,表现为一种理论的总体、思维的总体。从感性的材料到感性的具体,到思维的抽象,再到理性的具体,就是我们从读书到写作的过程。

写作的时候,如果写着写着写不下去了,写成"半拉子"产品了,就说明研究还不彻底,需要赶快回去重新补充和占有材料,琢磨琢磨,再来写。马克思也不是完全想清楚了再写作的,像《资本论》有的地方他就数次起稿,写着写着又回去读材料,读着读着又来写。我们写一篇大文章、专业的文章,有时候要写几年,最快也要写两个月,真正达到两万字左右的学术文章,要考据,要引证,要有现实的支撑、逻辑的构建、文字的表达,最后还要有反复的雕琢。首先要看别人的文章,理解他表达到什么程度了,哪些地方还没有表达清楚,现实生活中哪些地方还有人提出疑问。这就相当于盖房子清理地基,找到了研究的空间。然后你确定一个恰当的研究方向,用几个词把你的研究对象明确地表达出来,概括题目就是你明确研究对象的过程。然后你构建三级提纲,有一个初步的构想,在材料里寻找支撑,就可以开始写了。写的时候如果发现某个地方比较单薄,跟初步构想不一样,就说明你要重新去消化材料、补充材料,再接着写。研究方法和叙述方法是辩证互动的,不是截然分开的。

中国古人讲销铜、铸器,把"销"和"铸"相对分开。

实际上"销"和"铸"很难截然分开，只是为了把话说清楚，才分阶段地描述，这是一种"形而上学"的、静止的描述，但是为了描述又是必要的。实际上，我们做研究是把"销"和"铸"结合在一起的。列宁认为，"虽说马克思没有遗留下'逻辑'（大写字母的），但他遗留下《资本论》的逻辑"。《资本论》的逻辑是什么呢？列宁在《黑格尔辩证法（逻辑学）的纲要》里讲，"开始是最简单的、最普通的、最常见的、最直接的'存在'：个别的商品（政治经济学中的'存在'）。把它作为社会关系来加以分析。两重分析：演绎的和归纳的，——逻辑的和历史的（价值形式）"。因为商品包含着商品生产、资本主义生产的所有矛盾，所以马克思把它当作一个很重要的逻辑起点，以此构建一个逻辑体系，再用历史的方法呈现，成为理性的具体。而这一过程当中贯穿着一个中心线索，那就是剩余价值。《资本论》第一卷讲资本生产，第二卷讲资本流通，第三卷讲资本主义生产的总过程，其实也就是剩余价值的生产、流通和分配等问题。

列宁写《帝国主义论》的时候运用了马克思的逻辑方法。他关注帝国主义问题的时间很长，从19世纪90年代到写成《帝国主义论》的1916年间，他集中读了148种德文、法文、英文的书籍，看了近50种期刊的232篇文章，形成了大量的读书笔记。我写过这么一段话描述《帝国主义论》形成的过程："这表明，只有在充分占有材料的基础上展开深入的理论分析,才能对具体的材料经过细节舍弃和表象蒸发而达到抽象的规定,从而发现研究对象的本质。只有在这一研究工作完成以后,适当的叙述才有可能。"有的同学问怎么写文章,其实应该反过来问自己的阅读是否到位、阅读以后的思考是否清楚。研究不光是翻书,更重要的是思考,最后才能表达出来。在表达之前,收集材料、消化材料、构建材料的过程,可能要占一半以上的时间,而写作可能占不了一半的时间。当然,也不可能把两个阶段完全分开,老想着先研究后写作,写作需要研究着写、琢磨着改,这个过程是反复的。《帝国主义论》的逻辑起点是生产集中和资本集中,中心线索是垄断,主体内容在于分析垄断在政治、经济等方面的表现。列宁写《帝国主义论》的过程中,既有对马克思《资本论》逻辑方法的原创性运用,也有对相关思想著述的批判性考察和借鉴。他学习运用马克思《资本论》的逻辑方法,发现一些人的理论不对,就找到了研究的对象、批判的对象,找到了自己的研究空间。当时有很多帝国主义论学者,例如霍布森、希法亭、考茨基,都是列宁批判和改造吸收的对象。对列宁影响很大的霍布森在1902年就出版了《帝国主义》,但是霍布森并未论及垄断这一根本特征,更没有把帝国主义理解为资本主义发展的新阶段,他仅仅把帝国主义定义为一种扩张的政策,这无疑是不够的,没有触及问题的本质。列宁当时就对霍布森的理论进行了一种批判性的改造。希法亭是当时第二国际的理论家,属于马克思主义阵营,他在 1910 年出版了《金融资本》,这本书有个副标题——"资本主义最新发展的研究",书中讲到了垄断是资本主义的最新发展。关于这一点列宁是肯定的,因为列宁的看法就是帝国主义是资本主义发展的最高阶段、最后阶段。但是希法亭有一些调和色彩,有些折中主义的东西,列宁指出了他理论上的不足。考茨基受到列宁的批判最多,他的主要问题是提出了超帝国主义,认为当时的帝国主义可能会带来一种相互牵制的局面,最终可以和平地走入社会主义,这在当时来看肯定不符合第一次世界大战前后的特点。

我的专著《马克思的"跨越论"与落后国家经济发展道路(修订版)》,背后有几个课题支撑,是我读了"马恩列"的原始材料后进行摘录,并参阅了国内外的相关研究成果、第二手的材料,才写得出来的。我还把近一二十年最新的研究成果充实进去,才形成了修订版。

我的博士论文写的是列宁的马克思主义理论教育思想,其中有一章是关于灌输论的。有资深专家问我能不能专门研究一下灌输论,我就利用自己在国外访学期间的便利,把国内外数据库中关于灌输论的东西都搜集出来,把列宁论灌输的资料再整理整理,以此报了国家社科基金的课题。通过比较马克思主义的灌输和西方德育所批判的灌输,我得出的结论是:二者虽是同一个语词,但却是不同的概念,属于两组不同的话语体系,我们不能简单地根据西方德育对灌输的批判，就否定马克思主义的理论灌输。习近平总书记讲，"要坚持灌输性和启发性相统一"。武汉大学的老校长、哲学家陶德麟先生讲："有人不加分析地把'灌输'完全当成了贬义词，我对此不敢苟同。灌输是把人们未知的东西传授给人们的必要手段之一，是教育的基础一环。实际上每个人一出生就在接受灌输。没有灌输，孩子们怎么会说话识字？怎么会懂得加减乘除？不接受'传道授业解惑'，怎么能在脑子里自发地产生知识？'举一反三''闻一知十'也要教者有所'举'、受教者有所'闻'才有可能。……把符合认识规律的灌输与不讲道理的硬灌混为一谈是不对的。……但是不应当连正确的灌输也反对。循循善诱、有理有据、富于启发性的灌输为什么也要反对呢？"比如小时候家长给小孩灌输的"红灯停、绿灯行"，反复念叨，帮助小孩了解正确的交通规则。我们强调启发，也应该有所启才能有所发。举一反三，首先也要有个人来"举一"才能"反三"。大家在北京大学念书，老师们耳提面命、口传心授，和你自己看书，总是感觉不一样的。所以我们不能简单地否定灌输。当时我把"灌输"在不同语境里所代表的各种意思和一手、二手的材料都基本搞清楚了，课题研究得就差不多了，才形成了《列宁的灌输理论及其当代价值》这本书。

我近几年的书也是多年课题学习的成果。进行课题研究时，我的第一个任务就是把国内外的研究资料找齐，找齐了才有可能消化、吸收、占有，才有可能"销铜"，才有可能"铸器"，才有可能恰当地叙述出来，才有可能从感性的具体到理性的抽象，再到逻辑的构建，最后达到理性的具体。我想，将来大家无论是写论文，还是写课题研究成果，都要遵循这样的历程。即使不从事研究工作，当部门领导、当一个老板，也还得作报告，把自己的思路和方案给下属讲清楚。方案从哪里来？也是从调研而来、从思考而来。思考这些方案也要先有个构建，也要有个理论的总体，和写书是一样的。

教书如传香

孙来斌：第三篇，我就讲一讲教书。如果教得好，就是传香，就是全心传香。我执教30多年，在高校执教近30年，今年获得了北京市教育工会颁的荣誉证书，表彰我为党的教育事业辛勤工作了30年，还发了一个榨汁机表示对我的鼓励。我们在座的都有一个共同的身份——北大书生、北大的读书人。读书和教书分不开，我平时跟你们聊天，了解到北大的同学读了硕士、博士以后也有很多教书的。即便不教别人的学生，回家教自己的孩子，我们也是孩子的第一任老师。

读书人的初心是什么？张载的《横渠语录》中有段大家都熟悉的话，我们北大哲学家冯友兰先生称之为"横渠四句"——"为天地立心，为生民立命，为往圣继绝学，为万世开太平"。今天在座的同学中，马院的占比较高，马克思的初心是什么呢？一般会提到他中学毕业时候写的一篇作文，他讲："如果一个人只为自己劳动，他也许能够成为著名的学者、伟大的哲人、卓越的诗人，然而他永远不能成为完美的、真正伟大的人物。……如果我们选择了最能为人类而工作的职业，那么，重担就不能把我们压倒，因为这是为大家作出的牺牲；那时我们所享受的就不是可怜的、有限的、自私的乐趣，我们的幸福将属于千百万人，我们的事业将悄然无声地存在下去，但是它会永远发挥作用，而面对我们的骨灰，高尚的人们将洒下热泪。"我们经常讲的、引自马克思墓志铭上的一句话是"哲学家们只是用不同的方式解释世界，问题在于改变世界"。这是他面对一个新时代创立新哲学的抱负，也是他的一种初心。可能大多数人的想法是："我想读书学点真本事，过上好生活，然后回报父母亲。"这也是我们每个读书人都有的最为朴素的念想。当然，如果我们再提升一点，作为北大的学子、书生，把家和国联系起来，更深层地对接一下马克思的情怀，对接一下张载的那种气势，就更好了。我经常告诉同学们，要提醒自己，要不断地叩问初心：为什么来北大读书？我做教书匠，也时常提问我自己：为什么来北大教书？日子一天一天过，守护初心要一点一滴、日积月累，要体现在具体的践行上面。对读书人来说，做到知行合一是最难的事情。

我给在座的部分同学讲过，理想的师生关系不应该是传统的师徒关系。学徒几年是不领钱的，跟着师傅干，师傅想打就打，想骂就骂，这不民主、不平等。师生关系更不是现代企业老板和员工的关系，我们理工科同学经常把自己的导师叫老板，我不赞同这样去定义，因为这是种雇佣与被雇佣、剥削与被剥削的关系。当然，现代企业的老板和雇工的关系有些现代气，增加了一些民主的维度，但是师生关系之间没有剥削。我们主张的是新时代的、平等的、民主的而且是有感情的师生关系。这种感情因素就像传统的师徒关系中一种很稳定的黏合剂。另外，导师和学生跟一般授课老师和学生之间的关系也不一样。硕士我们一年就招一个，博士最多招两个，一对一、一对二，跟上大课时一对几百的师生关系不一样。搭建这样一种新时代的师生关系，是我对你们提出的要求，也是我教书的时候对自己提出的要求。

2017年，我在获评武汉大学"我心目中的好导师"（十佳）时说，我作为一名导师，争取用三种"心"来定位我们的师生关系。一是要有为人父母的仁爱之心。这适合我这个年龄段也就是五六十岁的导师，三十多岁的新导师可能跟大家更多的是兄弟姐妹的关系。二是要有为人朋友的平等之心。今后你们当中有一部分同学也要当导师，假如说你到马院来读研究生，还可能在马院当辅导员。不管是导师还是辅导员，和同学们建立一种亦师亦友的关系都是很重要的。三是要有为人师者的引路之心。父母从出生开始牵着你，是你人生中最早的引路人，引到了一定的阶段，把你的手交到我们手中，我们要接着为你引路。用为人父母的仁爱之心、为人朋友的平等之心、为人师者的引路之心来要求我这个年龄段的老师，是比较恰当的。

教书也是教大家怎么读书。我前面讲了怎么读书、怎么写书，平时我教得最多的肯定是读经典著作，因为马克思主义学院的人读得最多的就是经典著作。其他学院的同学，如果要学点真"马列"，也得从经典著作读起。埋首经典、关注现实、遵从学术、敢于创新，是我们的追求。我在《光明日报》上点评一位朋友的新书时有过这样一些想法：近些年来关于怎么读马克思有三种提法，第一个是"回到马克思"，第二个是"走进马克思"，第三个是"走近马克思"。这三种提法强调的侧重点不同，各有深意。"回到"是消除各种误解，回到马克思的原初语境，按他的本意来理解他。"走进"是强调进入马克思的思想世界，与他进行深刻的对话。"走近"这种说法我最欣赏，也最常用，因为"这一提法既强调了读懂马克思思想、尊重马克思原意的重要性，也观照到时空穿越条件下学习马克思、对话马克思的特殊性，还包含着今人对这位'千年第一思想家'的尊敬感"。这不是"回到""进入"就能实现的，因为时代不一样，我们只能努力地去"走近"，按照马克思的语境去把握他的思想。同时，在我们向他走近的过程中，他的思想也相对地鲜活起来，具有了时代的意义。我们阅读他，他也在指导着我们来阅读这个时代。这就是马克思主义中国化、时代化的要义，也是所谓的埋首经典、关注现实。

我在教"马克思主义经典著作选读"这门课的时候，曾给教育部的有关杂志写了经验材料，其中讲到要教好这门课需要做到"五个结合"。第一是要坚持发展史和原著相结合，讲著作应该有发展史的定位，讲发展史应该把每一经典著作的思想串联起来。第二是讲述和领读相结合，讲述经典著作的原本固然重要，但导读著作原典更是必要的。第三是精读与泛读相结合。第四是课堂学习和课外学习相结合，课堂是有限的，应以课外为主。第五是理论和实践相结合，我们读经典著作不是为了发思古之幽情，读一些纸张已经泛黄的书。我读研究生的时候，"读书无用论"还很有市场，学马列不"吃香"，现在马克思主义理论学科至少有了政治地位。我们当时在图书馆看书的时候，还得把马列的书包上书皮，不然旁边的人会用异样的眼光看你，有的人甚至还会调侃："你看看这本书几十年尘封，上面都有蜘蛛网了，你却还在读这发黄的书。"我当然可以跟他辩论，但我懒得辩论，以免影响自己的心情，只管闷头读自己的。

学生：都说理论联系实际，这是一件非常重要的事，您刚刚也有提到。但是在阅读一些资料和文献的时候,我发现在中国近现代以来这100多年的探索过程中,似乎总有一段时间是理论先行,有一段时间是实践先行,想要保持二者齐头并进的状态是很难的。而且无论是理论先行还是实践先行,都会产生这样那样的问题,会导致一些挫折,也会引起一些争论。实际上,要把理论和实践始终保持在一个非常和谐地结合起来的状态,是一件非常难以实现的事情。您对此有什么看法?

孙来斌:理论联系实际、理论与实践相统一,这是个总体的原则,或者说是一种规律的概括。规律起作用的方式,就像我们讲的商品经济的规律一样,它就像一个中轴线,实际情况总是围绕着中轴线上下波动的。有时候人们的认识,特别是少数知识分子或者领袖的认识,是具有前瞻性、领先于实际的。而在有一些问题上,可能实践已经先行了,但人们的理论总结还没跟上。我觉得出现这样的问题是在所难免的,理论和实际完全一致是很难的。理论和实际如果完全一致的话,那这个理论也没有太大意义。从总体上看,理论源于实践、高于实践、引领实践。我想强调,这个引领是总体而论的,也就是说,在一些具体问题上稍显落后,也是有可能的。

比如说,关于社会主义和市场经济的结合,历来认为我们在实践上做得不错,但理论上的总结还不够,在机理层面将其论证清楚很难。一般论证的就是社会主义讲公平,市场经济讲效率,两者结合就是公平加效率,这是一个很简单的说法。两优加在一起并不是自动成为优上优,两者结合生成的机理到底是什么?我个人认为,在这一点上目前的理论是落后于实际的。当然,我们已经部分地实现了对西方主流经济学的超越,因为西方的宏微观经济学都解释不了这个问题。微观经济学、新古典主义经济学都认为,干预最少的政府就是最好的政府,这解释不了中国的市场经济。宏观经济学、凯恩斯经济学也解释不了,它们虽然主张政府干预,但却是私有制条件下的政府干预,我们是公有制条件下的政府和市场结合。我们已经部分地超越了西方的理论,但是在解释的深度上,我个人认为还有进一步提高的空间。

孙来斌：最后,我对前面讲到的内容做个总结。读书人最重要的是知行合一。社会对读书人,尤其对北大的读书人是有所期待的,有的期待是正面表达,有的以批评的方式提出来。一提到北大,好多人显得很有意见一样,这其实也是代表着有期待,觉得我们应该做得更好。我们在座的各位北大的读书人、书生,应该主动回应,不负这种期待。当今社会在变动,各种各样的思潮也在涌动。市场经济有利益驱动,我们作为社会人,多少都会受到一点影响。但是,千万不能把我们学点真本事的初心搞丢,把专家变成受人调侃的"搬砖"的家伙。中国的读书人反复强调知行合一,强调道德认知和道德实践的有机结合。我研究列宁比较多，在列宁那个时代，有些读书人就是小资产阶级，有小农意识，他们想着"我赚我的钱，其他的跟我没有关系"，这样一种思想用现在流行的表达来说就是"精致的利己主义"。北大的读书人不应该这样，北大的老师和学生一向是有个性的，有书生意气的，也是有追求的，北大的风格应该是批判的、自由的。

讲到这里，我就不由自主想起来，前几年我在《人民日报》上引了一段毛泽东同志在延安时期给作家萧军的回信。萧军给毛泽东写了一封信，说他到了延安，发现延安不是他理想中的延安，延安有好多问题，就发牢骚、提意见。毛泽东在1941年8月2日给萧军写了一封回信，说："不要绝对地看问题，要有耐心，要注意调理人我关系，要故意地强制地省察自己的弱点，方有出路，方能'安心立命'。否则天天不安心，痛苦甚大。"实际上，读书人都有书生意气，都有理想主义的色彩和自己的道德认知，而这些多是书本知识，真正做起来却很难，还批评别人批评得头头是道，发牢骚很多。成天发牢骚不是个事，但事不关己更糟糕。所以，怎么把道德认知和道德实践结合起来，始终是一篇大文章。把做人、做事、做学问统一起来，是我们每个北大读书人都应该追求的。

习近平总书记几年前在北大给青年师生们讲，"修德，既要立意高远，又要立足平实。要立志报效祖国、服务人民，这是大德，养大德者方可成大业。同时，还得从做好小事、管好小节开始起步,'见善则迁,有过则改',踏踏实实修好公德、私德"。今天,我们说"胸中书传有余香",余香缭绕还得靠书卷层出:不光是读,还得写;不光是写,还得传、还得教。

孙来斌与学生合影

微语录

※ 读书是品香,写书是生香,教书是传香。

※ 读书到底有什么用?就是学习相关专业知识,汲取思想的营养,学习人家的研究方法,思考别人怎么切入话题、运用了哪些学科工具、运用了怎样的研究范式。

※ 下定义既是一件简单的事,又是一件困难的事。要

给出一个准确而全面的定义，防止片面性。

※ 写作就好比"盖房子"，要"清理地基"以找出研究的空间。某个地方比较单薄，就需要去补充材料。研究和写作是辩证互动的，不是截然分开的。

※ 我们强调启发，也应该有所启才能有所发。举一反三，首先也要有个人来"举一"才能"反三"。

※ 教书如果教得好，就是全心传香。

※ 老师对学生应该有三种"心"：一是为人父母的仁爱之心，二是为人朋友的平等之心，三是为人师者的引路之心。

※ 读书人都有书生意气，都有理想主义的色彩和自己的道德认知，而这些多是书本知识，真正做起来却很难。所以，怎么把道德认知和道德实践结合起来，始终是一篇大文章。

※ 马克思主义要在中国生根发芽、开花结果，肯定要和中华优秀传统文化相结合。实践证明，目前这种结合可以说是很成功的。

※ 我们应该培养自己的优势，坚守自己的立足之地。可以研究不同的东西，但是"根据地"不能丢了。

自信与创新的良性循环

王世强

作者小传

王世强，北京大学生命科学学院教授，教育部长江学者特聘教授，国家杰出青年科学基金获得者，国家"万人计划"科技创新领军人才。曾任教育部高等学校生物科学类专业教学指导委员会秘书长，膜生物学国家重点实验室主任，兼任《中国科学》等国内外核心期刊编委。主要研究领域包括细胞钙信号转导、心脏钙信号调控及相关疾病研究等，在 Nature 等 SCI 收录期刊发表论文百余篇。获教育部青年教师奖、北京市优秀教师、全国优秀科技工作者、高等学校科学研究优秀成果奖（科学技术）自然科学奖一等奖、国家自然科学奖二等奖等 30 余项荣誉，享受国务院政府特殊津贴。

抢先占领与超速阻抑

王世强：我国当下最需要的是创新。今天在座的同学们，以理工和医学生居多。我与医学部合作很多，我从事的研究主要是在心脏生理学和医学方面，我就先讲一个非常有趣的心脏控制现象。

心脏中有许多不同的细胞，比如窦房结起搏细胞、房室结起搏细胞、浦肯野纤维，它们都有自己的起搏频率，但整个心脏总是按照统一的频率来跳动。那么心脏是靠什么维系着它们按照统一节律一起来跳动呢？

这里有一个心脏控制的原理，叫作"抢先占领"。假定起搏细胞中最快的节律是一秒钟一次，有些慢的是两秒钟一次，再慢的是三秒钟一次。假定三种节律的细胞全部一起跳，那么一秒钟以后，最快的细胞要跳第二次了，那些跳得慢的细胞说：你先等等我，我还需要时间。结果人家的电活动已经传导过来了，这样两秒钟一次的细胞就被带着跳了一次。等到第三秒时，这个两秒钟一次的细胞又被带跳一次，第四秒又被带跳一次……人出生后第一次心脏跳动的时候，跳动频率较慢的细胞就没跟上，如果你的心脏正常的话，在你的一生中它们都跟不上。整个心脏由跳得最快的细胞的节律主导，其节律占领整个心脏，就是抢先占领。

现在假设有一天这个最快的细胞病变了、死亡了，是不是可以马上由两秒钟跳一次的细胞领跳呢？现实是不能，两秒、五秒、十秒、一分、两分过去了，细胞也跳不起来。这些起搏慢的细胞一直跟着快的细胞跳，跳久了以后真的让它们来起搏的时候，频率慢的细胞一时没有这个能力。这种现象叫作超速阻抑。

为什么要讲心脏这两种现象呢？因为它们也能揭示我们身边的现象，我们回想：在高中班级里有很多同学遇到不会解或者没解过的题目时，通常会想到自己班某某最厉害，想去问他。久而久之，这个学习好的学霸同学，因为接触并解决了各种各样的难题，就形成了自信。而问问题的同学，虽然得到了这个题目的具体答案，却失去了自信，一遇到难题就想问学霸，还是不会自己解题。在这个班级里，学霸同学就是抢先占领，而其他同学都处在他的超速阻抑之下。

如果有一天学霸同学由于父母工作调动转学了，可能一星期或两星期之内，班级内没人能解难题，只好求助别的班的同学。直到一段时间过后，班上又产生出新的学霸，同学们的难题又开始汇集到新的学霸这里。那么，这个新学霸是怎么成长起来的？在没有人能解难题时，新学霸觉得总去问别的班的同学很麻烦，他发现多琢磨题目自己有时也能解出来，一开始还可能有点怵，后来就不怵了。

这个班里超速阻抑压抑的是什么呢？是自信心。其实学习前几名同学的能力和知识本身差别并不大,真正大的差别在自信心上。特别是同台竞技时,别人想的是如何发挥自己,你想的却是别人比我厉害,当然你的发挥就不如别人了。久而久之,你总觉得自己真的不如别人,自信心就丧失了。

举一个例子:一个汽车企业董事会经过研究说要发展省油汽车,三年之内降低油耗10%。如果同学们拿到这个目标,你们想怎么办?

学生:可能先看一下别人是怎么做的。

王世强:先去看看别人是怎么做的,这实际上就是一种思维定式。这就跟刚才在班级里解难题是一样的,遇到难题以后,你马上想到的是要找学霸帮忙。不管是有意的还是无意的,久而久之,研发团队就会落入这个逻辑:"我要解决这个技术问题,首先想别人有没有。如果别人有,就看看别人是怎么做的;如果别人没有,那我就放弃了。发达国家搞了那么多年都没搞出来,这是我能干的事儿吗?"这是很多企业目前的真实写照。创新力不够,其实是因为自信心严重不足,这个思维就是"老二思维",不是"老大思维"。我们为什么今天要讲这个话题?因为现在我们高校培养出来的学生不能总是老二思维,特别是如果北大或者清华出来的学生都是老二思维,怎么去引领世界?怎么把中国建设成为政治经济文化等各方面领先的世界强国?

创新思维与创新力

王世强：创新力，大家通常认为跟知识有关。当然，没有知识也不可能产生创新。但比知识更重要的，其实是驾驭知识的能力，或者说是加工知识、产生新知识的思维。这就需要关注创新背后的创新思维。

第一个是辩证思维，我概括为"全面、矛盾、发展"这六个字。例如当遇到一个问题无法解决时，第一步你要思考：自己是否全面考察过所面对的系统？是否了解各部分之间的关系？是否做过深入细致的调查研究？这就是说，看问题要"全面"。如果你看得还不够全，就先下功夫去看全。但你说：我看全了，我了解了一大堆可能的原因，脑子都乱套了。这时候就要把握主要矛盾，在这么多因素里，你首先考虑的是最重要的"主要矛盾"，抓住主要矛盾，就可以着手解决了。最后你说自己文献也看全了，实操方案也和别人成功的流程是一样的，但没做成。这就需要第三点"发展"了，具体问题要具体分析。你跟别人的方法是一样的，那你们的系统一样吗？你们要解决的问题一样吗？比如你买的试剂跟文献上写的试剂是一个公司生产的吗？如果不是一个公司生产的，浓度可能就不同，就需要再调整。具体问题具体分析，因地制宜、因时制宜，就是发展的观点。将全面、矛盾、发展这六个字印在你脑子里，遇到困难时想一想，效果立竿见影，你就能很快得到一个解决问题的方向。

第二个是简化思维，学会简化复杂的问题。例如物理学中，对各式各样的物体，往往先简化成一个质点，然后再考虑它的匀速运动或加速度运动，从简单情况入手方便计算。这种思维方式非常有用。

第三个是求异思维。想别人所不想，做别人所不做，反其道而行之。

第四个是联想思维，举一反三，触类旁通。

第五个就是好奇心、想象力。

这些思维跟知识其实没有太大关系，知识是知识，思维是思维。有的人知道的很少，但依然有这些思维，反过来也可能有人知识很渊博，但缺乏这些思维。比如中国古代思想，春秋时期是其鼎盛时期，诸子百家都在创造自己的理论，但此后的朝代，虽然中国拥有庞大的知识分子群体，但缺少重大新理论的诞生和发展。

在创新力上，比创新思维更重要的，就是今天的主题——自信。比方说你有各种研发能力和充足的知识，但是你是否能深入研发，其实取决于你是不是自信。没有自信，小的创新也许可以，但是原创性的东西是做不了的。因为你一做原创性的东西就会想：没人做过，这怎么会是我能做成的事呢？但是你要知道，你也不比别人缺少什么客观条件，你为什么不能做？所以我们北京大学的同学首先要树立强大的自信心，只要我们有了自信心，我相信创新的源泉会充分涌动。

知识、创新思维、自信心这三者的关系是乘法关系，其中任何一项等于零，创新力就等于零。所以我们的教育应当传授知识、培养创新思维和自信心，这是一个非常艰巨的命题。我们的教育到目前为止还没有培养自信心的内容，甚至大家到北京大学来，自信心有可能是会受到打击的，有些高中时成绩在所在学校甚至是所在省份都处于前列的同学在大学经历了一次考试之后，就开始怀疑人生了。那么这种情况下怎么办？我认为就不要去跟别人比你不强的地方，要学会田忌赛马，用你自己的强项去跟别人的弱项比，保持你的自信心。

创新力、自信心与灵感

学生：老师您好，我是 2020 级临床医学的学生。请问您如何看待灵感和创新力、自信心之间的关系？

王世强：我认为灵感其实是一种思维方式的外在表现，我的体会是灵感是头脑被触发而产生的新奇想法，同时是一个机遇。而"机遇垂青有准备的头脑"，所以要想多获得灵感，我们需要时刻准备着。我分享一个我的灵感体会。我们小组研究一种蛋白质，它没有钙离子结合的时候是不能折叠的，当钙离子多一点的时候就折叠成三个结构域，再多一点的时候会折叠成一个三角形的分子,再多的时候两个三角形倒扣起来形成一个二聚体,再多的话形成一长串的链状的多聚体,再更多的时候又会散掉了。我看了文献提到的这些特点后,百思不得其解,我脑子里就一直装着这个问题。直到有一天我准备淘米,把米放到电饭煲内胆里开始加水,水龙头打开以后,有一点水落下去的一刹那,大概也就 0.1 秒,我看到米粒成团,马上想通了刚才那个问题的原理。米粒表面是淀粉,淀粉亲水,当水特别少时,米被水黏在一块。那种蛋白质也是这样:没有钙离子的时候,它表面带很多负电荷,所以互相排斥,无法折叠;有一些钙离子中和了一部分负电荷,但是因为负电荷多而钙离子少,所以该蛋白质被钙离子黏在了一起。

我今天仍在庆幸获得了这个灵感。灵感诞生的时间非常短,转瞬即逝,而且它不是你在逻辑上想明白而产生的,不是"因为……所以……"的思维方式,而是大脑里的网络迅速地接通。那么这个灵感从哪里来的?应该是我脑子里一直准备着这个问题,我有时候做梦都能想到一些问题,正因为有问题一直在,说不定在某天某个情况下会触发你,就把道理想通了。这个分享说明灵感其实是发现的机遇,这个机遇是你长期有好奇心和想象力的结果,是你能够举一反三、触类旁通的结果。所以灵感也是个混合物。

学生:老师好,我来自基础医学院二年级。我感觉进入北大之后,一直都在被迫地接受很多新知识,没什么需要我们运用自己的创新能力去达到的目标,目前为止都是以学知识为主。而且进入北大之后,确实自信心被打击得很厉害,这是不能回避的事实。您说北大学生要培养自信心,但要怎么做呢?

王世强:你说是被动地学习各种课程、各种知识,很少有机会能够让自己去做创新。我觉得这件事情需要这样思考:"留得青山在,不怕没柴烧。"做生物医学研究,成长所需历程本来就很长。你现在是本科生,未来还要读硕士、读博士,博士以后可能还要做博士后。拿将军和士兵打比方,你处于并将长期处于士兵的位置。本科阶段离真正意义上的人类前沿创新还比较远,现在相当于刚孵化出来的一只小小的、没长翅膀的小鸟,很难一飞冲天,所以现在正是储备自己、让自己成长的时候。

但是,不想当将军的士兵不是好士兵。在能独立做课题之前就不创新了吗?实际上前面我说的创新和后边要说的创新在定义上就不一样。前面说的创新指的是人类前沿的创新,也就是说这种创新在推动科学发展、推动技术进步。后边我说的创新是个人自己的创新,比如我今天不知道这件事情是怎样的,然后我通过努力、学习和思考,把事情搞清楚了,那么我就实现自我创新了。《吕氏春秋》有言:"有道之士,贵以近知远,以今知古,以所见知所不见。"通过你的付出让不知变为已知,就是自我创新;从不能到能,就是自我创新;想别人所不想、做别人所不做,你是第一个做的人，那就是全人类的创新。我们天天都有自我创新的机会。"夫子积学，当日知其所亡，以就懿德。"

所以我今天讲的主题是"自信与创新的良性循环"。你在力所能及的范围内，用创新的思维、以创新的意识解决了自己以往不明白的问题；你设计实验，验证了结果……这样日积月累，好多问题就能解决了，自信心就会油然而生了。有了自信心，你会觉得更复杂的问题自己也能解决，然后再上一个台阶。长此以往，不断登上更高的台阶。

那么创新的场景从哪里来？就是不要把问题直接丢给别人来得到一个答案，而是要分析问题，有了想法之后再和别人讨论，在这个过程中对比你的想法和别人的想法，提升自己解决问题的能力。不要随便去"翻阅"答案，因为这样得到的答案对你来说没什么用。在你的一生中，掌握解题的方式对你做事能成功更为重要。

爱因斯坦讲："Education is what remains after one has forgotten everything learned in school."（教育就是当一个人把在学校所学全部忘光之后剩下的东西。）从创新角度来说，尤其是在发展特别快的理科领域，你所学的知识本身真正到你做科研的时候，可能就过时了，能用上的都是新东西。在这种情况下，你真正需要的其实是那种即便忘光了很多知识点，但依然留下来的东西，就是能够解决问题的创新能力。

自我设计与重树价值

学生：当两个学科背景特别不同的人开展合作课题时，如果他们学科的差异特别大，可能会出现学科之间的不认同情况。比如说，学生物的人觉得学物理的人掌握的东西太简化了，缺乏指导性，而学物理的人又觉得学生物的太细了。当发生这种情况时，您有什么建议？

王世强：实际上我经常给学生物学的同学们讲：你到生命科学学院来学习，主要是要学好数理化信工，生物学的东西反而不是最重要的。不要把生物学和数理化并列看待，它们不是并列关系。在美国的科研论文总数里，约60%是生物医药的论文。生命科学是关于问题的学科，我们人是生物，我们得了病是生物学问题，我们吃的粮食是生物学问题，我们怎么想问题、喜欢什么，其实也都是生物学问题。所以学生物的或者学医的人非常需要掌握数理化工具，要有能力把自己的问题翻译成工程师懂的语言，翻译成计算机程序员可以编写的语言，翻译成化学家可以帮你合成某种小化合物的语言，从而利用不同学科解决生物医学的问题。现在我们的理念就是要培养"有圆心的交叉学科"，你在学科的周边地带布置好一批交叉学科，把那些东西学好，你核心的东西自然左右逢源。

比如你要研究细胞生物学，复杂过程要通过图像研究，就不能一帧一帧图像来看，而要让人工智能替你去识别各种动态目标。从一个人可能一辈子都看不完的海量数据中，让计算机找出特殊现象，才能够比别人有优势，否则你能干的别人也能干。别人17点就下班了，你24点才下班，这不是我们北大学生该干的事，我们应该15点就下班，让计算机给你先干一宿，第二天得到别人两个月都没发现的东西。"君子生非异也，善假于物也。"

趁大家现在还来得及掌握数学和计算机的工具，一定要以交叉融合的方式来储备自己，要充分利用大学校园做自我设计，利用好各种学科的课程。信息化时代，如果你不能指挥机器人"搬砖"，那就会被机器人指挥着"搬砖"。

学生：我想请教老师，我们在大学生活中常常会有一些自卑心理，该如何去调整心态，朝着自信进发呢？

王世强：这个问题非常好，为什么你会自卑？其实取决于你的价值观。自卑是因为你觉得某个方面不如别人，而且这方面的不足让你感觉到有点没面子。自卑包含两个方面：第一，你承认别人某个方面比你强；第二，因为别人在这个方面比你强，你没有面子。我认为，自卑心理其实完全可以通过调整自己来解决，一定要认清什么东西是重要的，不要去跟别人比那些不重要的东西，也要放下对自己面子的执念。

比如说一名从贫困农村来北京上大学的同学，跟某些大城市的同学住一个宿舍就会感到自卑，因为他可能觉得别人都懂的事情他不懂，别人有的东西他没有。但我觉得物质这东西一点都不重要，世界上多数人实际上生活得并不那么好，这个世界的财富是有限的，而恰恰是多占了别人财富的人，才应该良心上过意不去。大家都是人，凭什么你比别人占有更多？我占有得少，但我愿意把我仅有的东西分享给别人，那我就觉得自己是一个高尚的人，我就不会自卑。因为自己拥有得少而自卑，其实是因为你的价值观本身就不健康，你认为你要拥有得多才对。我就不这么认为，所以我不会自卑。再者，咱们大学生目前所拥有的物质资料基本都不是自己创造的，而是父母提供的。我们可能生在不同的家庭，但我们是平等的。

还有部分传统等级观念的影响。封建社会通过科举考试的方式，划分出状元、榜眼、探花或是落榜书生，虽说这种制度在一定程度上促进了社会流动，但是很多中榜的人都是权贵子弟，并不一定公平，而且科举考试的形式比较单一，我们无法仅凭这一次考试就判断一个人的能力大小，很多人是为了考而考，为了提升社会阶层而考。

现代思想是要为社会做贡献，人类，或者至少一部分人类，因为我们的存在而变得更幸福，这才是我们应该有的价值观。我们应该要建立一种新的、面向未来的现代价值观。大家都是平等的，谁对社会有贡献，我们就应该尊重谁。反过来我们想得到别人的尊重，那就首先要付出。没有给别人做贡献，却占了很多便宜，拥有不该有的社会财富，这才应该感到自卑！如果大家各尽所能发挥自己所长去给社会做贡献，就完全不必感到自卑。

比如说学习成绩，你现在学习成绩比别人差，将来在工作能力上就一定差吗？不一定。即便是你工作能力比别人差，只要你努力，就什么时候都不算晚。我认为，努力的人应该得到褒扬，因为人的能力有大小、人的阅历有不同，但只要努力为社会做贡献就该得到尊重，这才是我们共同的价值观。大家的分工不同：你聪明，你做适合你做的事；我笨，但我做适合我做的事。这个世界也需要我这样的人。所以我认为自卑其实是个价值观问题，要是真的能够按照我说的这种思维去调整你的价值观，我认为在大学校园里没有自卑的理由。

王世强与学生合影

微语录

※ 在学习和事业中被"强者"阻抑的不是能力，而是自信心。

※ 创新需要知识，比知识更重要的是思维，而驾驭知识和思维奔向创新的是自信。

※ 在人生中不论遇到什么困难，都要先全面地看待和分析问题，然后从主要矛盾和矛盾的主要方面入手，因地制宜、因时制宜、循序渐进地解决问题。

※ 辩证思维、简化思维、求异思维、联想思维、好奇心和想象力都是创新思维的活性成分。

※ 信息化时代，如果你不能指挥机器人"搬砖"，那就会被机器人指挥着"搬砖"。

※ 创新力=知识×创新思维×自信心，任何一个要素为零则结果等于零。

※ 我们要学会田忌赛马，用自己的长处成就未来；而不是一味"内卷"，邯郸学步。

※ 灵感是头脑被触发而产生的新奇想法，同时也是一个机遇，而机遇垂青有准备的头脑。心里总是怀着好奇和问题，就会经常捕捉到灵感。

※ 要以自我创新的方式学习：不明白的问题不要直接去找别人要答案，而是要先自己思考并设法解决，

然后在与别人交流讨论的反馈中汲取营养,提升自己。

※ 自卑的根源在于你的价值观。有了自卑感要理智地反省:你介意的不尽如人意之处真的很重要吗?如果重要,就要调整状态,自强不息;否则,就要端正价值观,你内心深处不认为它重要,就不会感到自卑。

未名博雅，家国天下

我对北大的诠释

曹文轩

曹文轩,北京大学中文系教授,博雅讲席教授,北京大学文学讲习所所长,中国作协主席团委员。主要研究领域为中国当代文学、文艺理论、小说艺术、文学创作等。出版长篇小说《草房子》《天瓢》《红瓦》《细米》《青铜葵花》《大王书》《蜻蜓眼》《苏武牧羊》等,绘本《远方》《风吹到乌镇时累了》《羽毛》《柏林上空的伞》等80余种,学术著作《中国八十年代文学现象研究》《第二世界——对文学艺术的哲学解释》《二十世纪末中国文学现象研究》《小说门》等。220余册作品被译为英、法、德、俄、希腊、日、韩、瑞典、丹麦、西班牙、葡萄牙、意大利、罗马尼亚、塞尔维亚、阿拉伯、波斯等40余种文字。获中国国家图书奖、中国出版政府奖、全国优秀儿童文学奖、宋庆龄儿童文学奖金奖等50余种重要奖项,并获国际安徒生奖、影响世界华人大奖等多项重要国际文学奖。

胸中千家诗文
眼前万里河山

廖文轩
二〇二二 · 十 · 二十

我在北大只是研究文学,并不研究北大本身,我甚至也很少琢磨北大。身在其中,春秋轮替几十回,早已习惯,觉得一切都很平常。自然而然,我对她没有太多的感想,更无太多的惊讶和激动。北大于我而言,是我的家,一个栖息之地。试想:一只飞来飞去的鸟,会在意、会研究它在枝头上的窝吗?大概不会。我是她的一部分,或者,她是我的一部分。就是这么回事。

今天,我选择了"我对北大的诠释"这个主题,因此学理性肯定不会很强——我只是谈谈我对北大的印象。

北大是座驿站

那年学校安排我在迎新会上给新生讲话,正值我刚去河北怀来境内的鸡鸣驿参观回来。那座驿城(最初为驿站)很大,也很有名。大墙几乎完整保留,十分气派,城内一应俱全。它位于八达岭高速路边,因在鸡鸣山下而得名。鸡鸣山很有特点——很远就能看到,看了就不会忘记。我建议同学们也去看一看。我在城内慢慢地走着,感受着从前的情景:天色已近黄昏,有人骑马而来,或是传递情报,或是传递圣旨,长途跋涉,现已人困马乏,抬头看到驿站,满心欢喜。进入驿站,他得到了无微不至的照料,一番休息,这人精神焕发,也许继续他的长旅,也许换了新人接续下面的路程。

你们从四面八方来到北大，北大对于你们而言，究竟意味着什么？我觉得，用"驿站"来做象征很切合。你们到这里来是补充给养的，让自身充满活力，而后奔赴前程。迎新会那天，我就"驿站"这个词，做了长长的一番演绎。我告诉新生，他们到北大干什么来了，北大与他们的未来是一种什么关系。

又是一年，北大人事部让我给新留校的教职员工做一个报告，我再一次使用了"驿站"这个象征，但主角不是学生了，而是他们——北大的教职员工了。我对他们说：你们是谁？北大于你们而言意味着什么？一拨一拨的学生，只是在这里停留，最终是要离去的，而你们这些留校的人，却可能永远地扎根在这儿了。我顺便对他们说了一句我内心的深刻感受，我说：谁和北大沾上了边，怕是很难再有离去的打算了。这个学校的魅力，就是如此巨大而奇特。如果说北大是座驿站，留校的老师就是驿站的工作人员。这个说法，境界似乎不够。更准确也更诗化的说法应该是：老师就是驿站。那些胸怀壮志的学子，能否完美地进行他们人生和事业的长旅，取决于诸位，取决于驿站能否给他们注满强劲的奔跑动力。

我们身为老师的理想是，让北大这座驿站成为世界著名的驿站，给那些来到这座驿站的人丰富无边的知识，让他们深切地领会经久不衰的传统和广博的人文精神。四年、七年、十年，学子们终于在养精蓄锐之后从这里开拔，我们则幸福而自豪地看他们策马奔突,绝尘而去。一拨又一拨,一代又一代,无数的"他们"构成漫长而雄壮的队伍,不断地靠近目标——个人的目标,民族和国家的目标。这座驿站在推动人类文明进步的方面,功德无量。

这座驿站充满诗意。它是美的,是经得起审美的。那些离去的人,在一天一天老去时,总会想到这座驿站。他们会对这座驿站感恩戴德,会念念不忘驿站中的人——为他们点灯的人,为他们生起炉火的人,为他们指点迷津的人。驿站的形象会留在他们的奔跑中、睡梦中。他们会将为这个世界做出的一切贡献,毫不犹豫地记在这座驿站的名下。终于老去,每每他们在暮色中回想起这座驿站时,都会有一种感觉——乡愁。

我们的幸福在很大程度上源于我们是奋斗在这座驿站的人——我们就是这座驿站。从这座驿站走出的海子有首诗:"从明天起,做一个幸福的人/喂马,劈柴,周游世界。"我们将他的诗改动一下:"从今天起,做一个幸福的人/教书,育人,驿站一生。"

对你们——今天坐在这儿的你们而言,你们中的大多数,只是在这座驿站停留四年、七年、十多年,最后是要离开这座驿站的。当然,你们中间也会有人永远停留在这座驿站。无论是哪一种情况,北大于你们而言,就是一座巨大的驿站。你们是来加油的,或是在未来成为给来加油的人加油的。

北大人的悲悯情怀

所谓北大传统，所谓人文精神，到底有什么含义？我想一两本书是无法诠释清楚的。我凭我在北大几十年的人生体验，得到一个看法，就是：二者的基本品质就是悲悯情怀。我不知道在此之前是否有人这样诠释过——好像还没有人这样诠释过北大。我是从成百上千的北大人那里感受到的，是从无数的、大大小小的事情与事件中感受到的。

五四运动的爆发，就是源于这样的情怀。忧国忧民，为劳苦大众而鸣不平，为生民涂炭而愤怒，为国运衰败而忧思，于是走上街头，于是呐喊，于是不顾枪林弹雨。当年集聚于北大的知识分子，都是悲悯之人。他们很容易伤感，总有怜悯之心、恻隐之心、哀切之心。"五四"之后，北大历史上发生的一系列事情、事件背后，都有着这样一种情怀。北大是革命火种的产生之地，而殊不知这严厉甚至严酷的革命却源于这种博大的悲悯情怀。

中国现代文学与北大的关系为什么如此密切？文学为什么一直是北大的重要学科？北大为什么会成为中国文学事业的重镇？肯定不是学科设计的结果，那么真正的原因是什么？

真正的原因是文学的基本情怀，就是悲悯。当慈爱的主教借宿给冉阿让，冉阿让偷走了他的银烛台被警察抓住，而主教却说这是他送给冉阿让的时,我们体会到了悲悯。当简·爱得知一切,重回双目失明、一无所有的罗切斯特身边时,我们体会到了悲悯。当祥林嫂于寒风中拄着拐棍沿街乞讨时,我们体会到了悲悯。当沈从文的《边城》中爷爷去世,只翠翠一个人守着一片孤独时,我们体会到了悲悯……我们在一切古典形态的作品中,都体会到了这种悲悯。

文学具有悲悯情怀,这正切合了北大知识分子的心理世界和精神世界。所以,从老校长胡适到许许多多的教员,都与文学结下了不解之缘。其实那时的教员,即使不是从事文学的,也都与文学有着很密切的关系。哪怕是理科教员,也都能写一手颇具文采的文章。至于写旧体诗,几乎人人可为。如此局面的诞生,就是因为文学能够满足他们对悲悯情怀的渴望,或者说,文学能够使他们的悲悯情怀得以抒发。

我在北大生活几十年,几乎时时刻刻能够感受到这一情怀。我对此有说不清的记忆——大到由悲悯而引起的全校性革命,小到生活琐事。我们有一位德高望重、学术成就非凡的先生,在他的夫人悄悄过来告诉他,保姆正在从米桶里偷米时,他对夫人轻声说:"不要惊动她,她有她的难处。"北大在处理一些事情时,我觉得总是很有人情味的。她当然讲原则,但她在不违背原则的同时,总有富有人情味的一面,不是冷冰冰的、简单的原则主义者。比如评定职称,她在条件差不多的情况下——我说的是条件差不多的情况下,就不会像西方的学校那样,简单而冷酷地仅凭一些数据来论定。评委会的委员们往往会在潜意识中掺入悲悯。比如一名教员,他也许没有明显领先的学术成果,但兢兢业业地工作了几十年,而现在他只剩下最后的机会了,于是,这一次他评上了。对此,我们可以怀疑这样的做法是否合适,但这样的事情就是会发生。为了避免误解,我在这里特别要说明的是,评委会在做出这样的选择时,依然是坚持了原则的。因为他们同样清楚,如果不坚持原则,那对其他参选者又是不悲悯的。几十年里,我被感动过多少次,我已无法说得清楚了。我之所以一直在从事文学创作,或者说,我之所以能够不断地写出作品,就是因为我在这个地方能够始终受到如此情怀的感染,或者说我的悲悯情怀在这里得到了保护。

我在这里回忆北大的这一精神并强调它,是因为我看到:人类今天拥有的由现代化进程带来的种种好处,是付出了巨大代价的。突出的一个例证就是悲悯情怀的弱化。在这一情状之下,我们有必要来回忆一下北大的传统、北大的人文情怀。

我们一般只注意到思想对人类进程的作用。其实,悲悯的作用绝不亚于思想。一个人如果仅仅只有思想——深刻的思想,而没有悲悯情怀,那么这个人大概是不健全的,当然更难成为完人了。

我今天之所以与诸位很有情感地讲这一点,是因为我看到现代理念对古典理念的冲击,导致我们正在成为机械的理性主义者和简单的原则主义者。北大的传统正在遭受挑战,而实际上也已有部分丧失。我们,自然包括我在内的这个年纪的人,投票时出于种种考虑没有投其中一个人的票,而那个人正是因为少了这一票而未能通过职称评审,投票的这个人可能因为如此结果于五更天突然醒来,出一身的虚汗。现在的年轻人,也会这样吗?我不得而知。我没有理由要求别人也这样。因为我知道,世道已变。现在,只有原则,而没有悲悯。我说的不是放弃原则,我说的是在坚持原则的前提下,还能有对失意者的悲悯。我坚定地认为,这是北大的传统,这是北大的人文性之一。我之所以爱北大,不愿去任何地方,就是因为在几十年的时间里,我始终在不断地领略着如此让人心安、让人心动的悲悯。

北大之"大"

北大的魅力就在于她的大,天有多大,地有多大,她就有多大。是的,这只不过是形容而已。不过,她相对于中国的其他地方,确实要大。这"大"字始终是让北大人备感骄傲的一个字。她从开始自己的历史以来,就从哲学、伦理学、法学、美学和政治学等角度,毫不犹豫地认定了这个字。"海纳百川,有容乃大",是她一直向往和追求的境界。"兼容并包",是蔡元培任北大校长时提出的办学方针与办学纲领,在他看来,"囊括大典,网罗众家",是高等学府的必需格局。这些思想,不仅表现在学术的自由上,也表现在容许各色人等皆可平安而自然地生活在北大这一方天地里。回想从前的北大,我甚至觉得有点不可思议——这里是革命者活动的地方,是将马克思主义引进中国的地方;这里也是鲁迅待过的地方,是第一堂课因为害羞而无法开讲却又能毫不害羞地将他的学生最终追到手的沈从文待过的地方。"生在南洋,学在西洋,婚在东洋,仕在北洋,教在北大"的辜鸿铭,公然逆时代之潮流,赞美一只茶壶需有四只杯子与之相配,以隐喻一夫多妻制的合理性。但北大不管这些,只认他汪洋恣肆的才气和博大的学问,他依然可以在这里逍遥自在。

北大到底是一个什么样的地方?——一个很大很大的地方。

许多事情在其他地方是个事,而在北大就不算个事。北大因为"大",觉得这样的事实是细枝末节、无伤大雅,应当宽容。而北大又是一个多事之校。这里总会发生事情,而一发生事情就一定是大如天地的事情——这些事常常与民族、国家有关,因此,北大是中国的敏感之地。而之所以如此,又是因为她的"大"。她胸襟开阔、高瞻远瞩,看到的世界大,也因此会对她身处的世界感到不满,于是就会秉承其一贯的敢于为先的精神,仁人志士在此发声,革命群众走上街头。北大人总有那番"舍我其谁也"的大气和豪迈。

在这里工作和战斗过几十年的我,几乎每时每刻都在领略北大之大。当然,由于各种各样的原因,北大似乎没有从前"大"了。但敢于为先的向大之心,却从未泯灭过。也许在更高的层面上,我们对她之"大"有所困惑,但作为北大人,我在日常生活中还是能体会到她的"大"。此地多君子,这是我几十年的感受,也必将成为你们的感受。

民主与自由

说到传统,说到人文精神,必提"民主"与"自由"这两个显赫的概念。北大似乎是这两个概念的合法诠释者,是它们最精准的注脚。人们常常就是这样仰望北大的——似乎她是民主和自由的象征,是他们的诉求能够得以实现的希望。

今天,我们不谈民主。因为谈论这个问题很复杂。就我个人的诉求而言,这两者中,我更看重的是自由。对于民主,我一向抱有疑虑。就中国的现实而言,西方式的民主于中国,成者?败者?谁能十分有把握地告诉我?世界上,自诩民主的国家有的是。印度是世界上最大的民主国家,可它赤裸裸的种姓制度居然保存完好。伊拉克名义上是民主制国家,但民主的成本实在太过昂贵。我知道民主的意义，我也一直向往民主。但我心中的民主显然不是这样的民主。西方人自己已开始怀疑他们的民主。

我要自由。这一点，我们应当没有退让。"生命诚可贵，爱情价更高，若为自由故，两者皆可抛。"向往自由是我们的天性，是天赋之权利。当年蔡元培先生将"思想自由"视作北大的基本，我们应当牢记老校长的核心观念，不惜一切加以捍卫。

固然，自由也是有条件的——过一会儿我就要讲到，但它是必需的。

如果我没有理解错的话，蔡先生所说的思想自由，其实主要说的是学术自由。在北大，并不是任何时候都可以做到学术自由的，我们有过非自由的历史。但相对而言，她一定是全国高校中自由程度最高的。在美国，大学各学科虽也有教学大纲和课程标准，但教授授课基本上各行其是，从课程内容到教学方式，基本上是授课者说了算，据说连系主任都无权过问。这一现状常常被他们拿来证明他们的学术自由。其实北大也基本上是这样——我们并无什么统一教材。因此，在不违背教学大纲、不改变课程目的之前提下，教授们的授课基本上是他们个人学术研究的成果公布。同一门课，不同的老师一定会有不同的体例、不同的授课方式。就拿中文系来说，一门"中国当代文学"的课程，从来就不是以一本教材照本宣科。其实道理很朴素：既然书上已经写了，为什么还要照着讲一遍呢？

就我个人而言，讲了几十年的课，讲的都是自己的"中国当代文学"、自己的"小说的艺术"、自己的"文学的艺术问题"。

这就是北大。也许她并不十分符合规范，但她坚持的学术自由，使她培养出的学生无论在创造力还是在学术的基本功方面都显示出了明显的优势。她最终造福于学生，造福于我们的学术事业。

学术自由与言论自由似乎有所区别，后者的范围更宽广。但无论是前者还是后者，可能都是有前提的。事实上，一贯以自由标榜自身的西方大学，在崇尚自由的同时，是有明确的前提的，那就是：政治上的正确性。"国会不得制定任何法律……限制言论和出版自由"，这是《美国宪法第一修正案》中的名句。但美国的自由真的是无所顾忌的吗？美国大学的自由真的是无边无际的吗？你讲几句可能让黑人不满的话试试，哪怕这些话是很含蓄的，大概也不可以——绝对不可以。宾夕法尼亚大学有个大一学生，因无法忍耐窗外一群开派对的黑人女生的吵闹，冲她们喊道："闭嘴，你们这帮水牛！"结果是校方给了他两个选择：一是写悔过书，接受留宿舍察看处分，并在学业报告上留下"违反禁止种族骚扰政策"的评语；二是接受学校司法委员会的审理，一旦被判有过失，他将面临被学校开除的可能。他选择了与校方对抗。他坚持说"水牛"一词与黑人毫不相关，因他有犹太家庭的背景，"水牛"一词来自希伯来语,仅仅是指头脑简单的人,并无侮辱的意思。后来事情引起了整个美国社会的关注,学校才草草收场。尽管人们并不怀疑言论自由的承诺,但依然在许多领域谈论一些话题时如履薄冰。那么,我们要问:这民主吗?美国的民主到哪里去了?

我在这里引用这些材料,只是想表达这样一个意思:我们在弘扬北大的学术自由的伟大传统时,务必不要忘了它是有前提的。认识到这一点,不仅需要我们的激情,还需要拥有高度的智慧。而我们完全有这样的智慧。

北大人的学术苦旅

我在北大几十年还有一些体会。北大也许是中国纪律最松懈的大学,一切看上去都很自由。但当你一脚踏进校园时,马上就能感受到一种让你感到压抑的压力——学术压力。这里的竞争太激烈了,激烈到残酷。选择北大,等于选择了漫漫苦旅。前面说的迎新会那天,我对那些新留校的教职员工说:你们干吗要选择北大?会很苦的。勤奋、刻苦、奋斗,这是北大学人的传统。我们的头上总有一根无形的鞭子。这里是自由的,但这里绝对不是一个"好待"的地方。在这里的人,谁也甭想懈怠。

我这里介绍一位老师。我回忆他,并不是说我们要以之为楷模,而只是向诸位说明一位北大学者的艰辛。他叫佘树森,是一名当代散文研究专家。他已经离开我们很多年了。

他的墓地在塞外。他去世后,他的夫人跑了许多家工艺品商店,购得一只古色古香的、中国味极浓的瓷罐存放他的骨灰。当时是我陪着他夫人送骨灰去墓地的。那天天气一般,不晴朗,但也不阴晦。小车越过长城,一路斜下,直往塞外的荒野开去。不知为什么,小车一越过长城,我心里顿起一股悲凉之情:他真的离开我们远去了。仿佛那长城是一个限度,一旦越过它,那时空的距离便一下子拉开了,使人感到了一种不可挽留、永不能达的遥远和荒古。

他走得似乎太早了一些——无论从哪一种意义上讲,他走得都太早。即使在苦难这一方面,他都未能经受到一种高贵的苦难便已离世。捷克的米兰·昆德拉曾将那些具体的、可感的、物质性的东西称为"重",而把那些抽象的、无形的、精神性的东西如孤独、寂寞、虚无称为"轻"。这"轻"自然是在那"重"已经不成问题或者说已经被唾弃和瓦解之后才产生的。佘树森先生活着时,得不停地为住房、为养活老人与孩子、为自己的文学事业操劳,并为许多责任感所纠缠——承受着这没完没了的"重",却尚未来得及去享用"轻"的折磨。当那些已经从"重"之下释放出来的人感叹着"轻"的难忍时,他还在想着用自己的手去将地板砖铺到坑洼不平的地上。这就是他悲惨的地方——他就要尝到"生命中不能承受之轻"的味道了,然而，他却在把女儿的成长托付给友人、把扩充住房的难题留给夫人之后，永远地走了。埋在墓中的是他的骨灰和他费了多年心血写成的《中国现当代散文研究》一书的清样，还有一小块女儿喜欢的玉片。

现在我要说到他生前写的一篇散文了，题目是《爬坡》。这篇散文让当时看到它的所有北大同仁都深有感触。

"爬坡"便是这一代知识分子的一个最典型也最恰切的心灵意象，它概括了他们的全部感觉。他们得用瘦软的双腿，在那永远存在的坡上，日复一日，年复一年，吃力而执着地行进着。那个精神贫穷而怪诞的时代，还损害了这一代人的心理健康。与现在的年轻人大不一样，他们没有任何排遣苦闷、消除疲倦的途径。他们不会打牌，不会打麻将，不会跳舞，不会喝酒，面对不能反驳的谎言，面对种种不平，面对几乎是接踵而来的坎坷与不幸，他们只能坐在书桌前生闷气，说些似诙谐实可悲的俏皮话。他们压抑着自己，还要超负荷运转。当我在佘树森先生去世后列写他的成果时，我惊讶得目瞪口呆：他在这些年竟然写作、编辑了那么多书！他透支生命透支得太厉害了。他似乎已经意识到了这一点，准备开始享受一下生活了。就在他病倒的前几日，他开始想着铺地板砖了。并在更早一些时候，有点铺张地打了一辆"面的"，带着妻子与女儿去了一趟燕莎友谊商城，尽管什么也没有买——只给女儿买了一块面包。但这一举动说明，他确实想稍稍消解一下生活的劳累。

然而，他终于未能开始真正的享受。

我们将苦旅改成爬坡，也许更具象，也更切近本质。

向上看去，北大的一代一代学人都在爬坡。他们中的许多人已定格在了坡上。这是传统的画面。那些形象是无比壮美的。

北大作为一种"背景"

有那么一个人突然走向了我们，倒也平平常常，并未见有山有水。但有人对这个人的底细却有所了解，说道："这个人是有背景的。"于是，人们再去看这个人时，就用了另样的眼光——仿佛他不再是他了，他加上背景，所得之和，要远远地大于他。

在这里，我们看到了"背景"的力量。本来，衡量一个人的价值，只应纯粹地计算这个人到底如何，是不应把其背景也计算在内的。然而，倘若这个人果真是有所谓背景的话，那么在计算时就一定会加上背景的——背景越深邃、宏大，其所得之和也就越大。人值几个钱，就是几个钱，应是一个常数。但我们在这里恰恰看到的是一个变数——一个量大无穷的变数。

当我去冷静地分析自己时，我发现，我原也是一个"有背景"的人。我的背景是北大。

这是一个大背景，一个几乎大得无边的背景。现在，我站在了这个似乎无声但却绝对生动有力的大背景下。本来，我是渺小的，渺小如一粒恒河之沙，但却因有这个背景的衬托，我似乎也变得有了点光彩。背景居然成了我的一笔无形资产，使我感到了富有。其情形犹如融入浩浩大海的涓涓细流，成了大海的一部分，仿佛也觉得有了海的雄浑与力量。

我常去揣摩我与北大的关系：如果没有这个背景，我将如何？此时，我清清楚楚地看到了这个背景参与了我的身份的确定。我为我能有这点自知之明而感到一种良心上的安宁。我同时也想到了我的同仁——他们在各自的领域里，确实干得非常出色。其中一些人简直可以说已春风浩荡、锐不可当。也许我不该像发问我自己一样去发问他们：如果没有北大这个背景，他们又将如何？他们也会像我一样去发问自己的——北大门里或是从北大门里走出的人，都还是善于省察自己的。我相信这一点。

北大于我们来说，她的恩泽既表现为她曾经给了我们知识，给了我们人品，给了我们前行的方向，又表现为她始终作为一道背景墙，永远地矗立在我们身后的苍茫之中。因为有了她，我们不再感到自己没有"来头"，不再感到那种身后没有屏障的虚弱与惶恐。就在我于心中玩味"背景"这一语词时，总有一些具体的事情与场面繁忙地穿插其间。

那年4月，我应邀去东京大学讲学。在日本的18个月中，我时时刻刻都能感受到这个背景的存在。那晚，在东大教养学部举行的欢迎外国教师的酒会上，我代表外国教师讲话时，在一片掌声中，我感受到了。在我为我的孩子办理临时入学手续时，我感受到了。在我于北海道的边陲小城受到一位偶然相识的日本朋友的热情接待时，我又感受到了……18个月后，东大教养学部的师生们破天荒地为我举行了一次盛大的欢送晚会。在那次晚会上，"北大"这个字眼出现了数次。我心里明白，这次晚会的隆重与热烈，固然与我18个月的认真工作有关，但还有一个重要的原因便是：我是一个有背景的人，我的背景是北大。

无论是在学术会议上，还是应邀到外校讲学、演讲，几乎走到任何一个地方、在任何一个场合，我都能感受到这个背景。她给了我自信与勇气。她默默地为我增加了言语的重量，并且神奇般地使我容光焕发。她甚至免去了我的尴尬与困境。

大约是在2017年的一天上午，我将一本书写完了，心情甚好，就骑了一辆自行车，一路南行，到了紫竹院一带。已是中午，我感到饿了，就进了一家饭馆。那天胃口真是好极了，独自坐下后，竟要了好几个菜，还要了酒，摆出了一副要大吃大喝的样子。阳春三月，天气已经非常暖和，加之我吃喝得痛快淋漓，额头上竟沁出不少汗来，身与心皆感到莫大的舒坦。吃罢，我不急着走，竟坐在那儿，望着窗外路边已笼了绿烟的柳树，作一顿好饭菜之后的遐思。"今天真是不错！"我在心里说了一声，终于起身去买单。当我把手伸进口袋去掏钱包时，我顿时跌入了尴尬：出门时忘了带钱包！我的双手急忙地在身上搜寻着，企图找出钱来，不想那天也太难为我了，浑身上下，里里外外，大小口袋不下十个，却竟然摸不出一分钱来，身上立即出来大汗。我走到收款台，正巧老板也在那里，我吞吞吐吐、语无伦次地说了我没有带钱的情况。老板与服务员听罢，用疑惑的目光望着我。那时，我下意识地立即想到了一点：今天也只有北大能救我了。未等他们问我是哪儿的，我便脱口而出："我是北大的。"老板与服务员从我的眼睛里看出了我的诚实，他们在听到"北大"这个字眼后随即换了另样的神情。老板说："先生，没有关系的，你只管走就是了。"我想押下一件什么东西，立即遭到了老板的阻止："先生，别这样。"他在将我送出门外时，说了一句我们这个时代已经很难再听到的、似乎属于上一个世纪的话："先生，您是有身份的人。"一路上，我就在想：谁给了我"身份"？是北大。

这个背景也可以说成是人墙。它是由蔡元培、马寅初、陈独秀、胡适、鲁迅、徐志摩、顾颉刚、熊十力、汤用彤、冯友兰、朱光潜、冯至、曹靖华等无数学博功深的人组成的。这是一道永远值得仰望与审美的大墙。

我想，这个背景之所以浑沉有力，一是因为它历史悠久，二是因为它气度恢宏。它由漫长的历史积淀而成——历史一点一点地巩固着它，发展着它，时间神秘地给它增添着风采。而蔡元培先生当年对北大所作的"大学者，囊括大典，网罗众家之学府也"的定义，使她后来一直保持着"取精用宏，不名一家"的非凡学术气度，保证了她作为背景的活力、强度与无限延伸的可能性。

话说到此，我要说到另一种心态了：对背景的回避。

这个背景给了我们种种好处，但同时也给我们造成了巨大的心理压力。我们在这样一个背景之下生存着，无时无刻不感到有一根无形的鞭子悬在头上。她的高大，在无形之中为我们设下了几乎使我们难以接受的攀登高度。我们不敢有丝毫的懈怠。很久以前，我就有一种感觉：当我一脚踏进这个校园时，我就仿佛被扔到了无底的漩流之中。我必须聚精会神，奋力拼搏，不然就会葬身涡底，要不就会被浪头打到浅滩。

我们都在心中默念着：回报、回报……一代一代曾得到过北大恩泽的北大人，都曾默念着而展开了他们的人生与学术生涯。

这个背景的力量之大，居然能够使你不敢仅仅是利用它、享受它，还提醒与鞭策你不能辜负它。这就形成了一个难度：一代又一代人设下一级又一级台阶，使后来人的攀登愈来愈感到吃力。有些时候，我们就有可能生出隐瞒"北大"身份的念头——"北大"这个字眼并不是我们任何时候都愿意提及的。背景既给予了我们，又在要求着我们——它给了我们方便，给了我们荣誉，但又被别人拿了去，成了衡量我们的、未免有点苛刻的尺度。

当然，我们也可以换一个角度去说：没有我们就没有他们，是我们创造了前驱。先人们的荣耀与辉煌，是后人们创造的。若没有后人们的发现、阐释、有力的弘扬与巨大的扩展，先人们的光彩也许就会黯淡，他们就有可能永远默默无闻地沉睡在历史的荒芜之中。任何得其盛誉的先人，都应由衷地感谢勤奋不倦的后人。没有现在的我们，这背景也就不复存在；背景衬托了我们，但背景却又正是通过我们才得以反映的。

然而，这个角度终究不能使我们获得彻底的安心与解脱。我们还得在宛宛可见的先人们的目光下向前、向前，无休止地向前。

背景是一座山，一座大山。我们任何个人都无权骄傲，有权骄傲的永远只能是北大。

奋斗不息的我们，无论是教员还是其他人员，最终也有可能在黄昏时，变享受背景为融入背景而终止自己。这大概是我们都期盼着的一种幸福而悲壮的景观。

曹文轩与学生合影

微语录

※ 你们从四面八方来到北大,北大对于你们究竟意味着什么?用"驿站"作为象征非常切合。你们到这里来是补充给养的,让自身充满活力,而后奔赴前程。

※ 老师就是驿站,那些胸怀壮志的学子能否完美地进行人生和事业的长旅,就取决于诸位老师。

※ 我们身为老师的理想是,让北大这座驿站成为世界著名的驿站,给那些来到这座驿站的人丰富无边的知识,让他们深切地领会经久不衰的传统和广博的人文精神。

※ 北大是我们的精神故乡,日后无论走到天涯海角总会想到北大。

※ 五四运动的爆发，就是源于一种悲悯情怀。当年聚集于北大的知识分子都是悲悯之人，他们忧国忧民，为劳苦大众而鸣不平，为生民涂炭而愤怒，为国运衰败而忧思，于是走上街头，于是呐喊，于是不顾枪林弹雨。

※ 文学具有悲悯情怀，这正切合了北大知识分子的心理世界和精神世界。悲悯情怀就是北京大学的基本精神。

※ 悲悯的力量不亚于思想的力量，感情的力量也绝不亚于思想的力量。一个人如果只有深刻的思想而没有悲悯的情怀，我认为这个人大概是不健全的。

※ 天有多大，地有多大，北大就有多大。这个"大"字始终是北大人备感骄傲的一个字。从哲学、伦理学、法学、美学和政治学等角度，都能毫不犹豫地认定这个字。

※ 我的背景是北大，这是一个大背景。现在，我站在了这个似乎无声但却绝对生动有力的大背景下。本来，我是渺小的，渺小如一粒恒河之沙，但却因有这个背景的衬托，我似乎也变得有了点光彩。

※ 北大给予我们的恩泽既表现在她曾经给了我们知识，给了我们人品，给了我们前行的方向，又表现为她始终作为一道背景墙，永远地矗立在我们身后的苍茫之中。

法律人的社会责任

车 浩

作者小传

车浩，北京大学法学院副院长，教育部"长江学者奖励计划"特聘教授，国家重大人才工程特聘教授，国家"万人计划"青年拔尖人才。现担任北京大学犯罪问题研究中心主任，《中外法学》副主编；兼任全国法律专业学位研究生教育指导委员会委员，中国刑法学研究会常务理事，公安部法制局特邀专家等。研究方向为中外刑法学，发表论文数十篇，出版《阶层犯罪论的构造》《刑法教义的本土形塑》等著作。获第九届"全国杰出青年法学家"、第三届北京市高等学校青年教学名师奖、北京大学第十一届人文社会科学研究优秀成果奖（一等奖）等荣誉及奖励。

头脑清明以学法
世事洞明以用法

车浩
2022.3

车浩：在本次讲座前，我看到了主办方收集到的同学们想在讲座上和我讨论与交流的问题，我觉得同学们提出的问题都特别有深度，很多问题与法学这门学科的基本性质，正义、社会、舆论三者的关系或者人生经验相关，其实我个人很难给大家一个绝对完满的回答，只能就我个人的理解和认识同诸位做一次交流，因此，我们就以漫谈的形式进行。

其实，法学所关切的问题往往是所有人都关切的问题，当然法学院处理这些问题的方法和技术可能是法学专业学生学习的内容，但是正如同学们的问题所展现的那样，即使没有受过专业法学的训练，同学们对社会生活、对公平正义也有非常敏锐的直觉。当然，我的回答还是从一个法律人的角度，而不是从一个普通人的角度出发的。

自然法视角下的法律与社会

车浩：今天我们讲"法律人的社会责任"，这里面其实可以拆解出好多命题。比如，"法律人跟其他人有什么不同？""法律与社会有什么关系？""法律人在承担社会责任外还需要承担什么责任？""法律人需要承担哪些独特的责任？"等等。我想这些问题可能跟一个原命题有关，即"法律会不会使我们的社会、生活变得更好"，而这个问题隐含着两个很不同的假设。

学习文史哲或政经法的同学可能都读过洛克、霍布斯的作品，或者至少知道自然法的概念，其中涉及的一个问题是，洛克的自然法和霍布斯的自然法是两个完全不同的版本，两个版本所构想的人类社会的自然状态是完全不同的。基于以上不同的构想产生了政府和法律，最终形成了今天所谓与自然状态相对应的、法律之下的社会。在这个前提之下，我们会去问：法律会不会使我们的社会、生活变得更好？

在洛克的自然法构想中，自然状态——正如他在《政府论》当中讲的那样——是一派田园风光，是一种安居乐业、天下太平的状态，人与人之间生活祥和，大家自然地拥有和平。在这种情况下，社会其实本来不需要法律，也不需要国家和政府。那么为什么会产生社会契约呢？按照洛克的想法，其原因是：人是一种具有"有限理性"的动物，在纠纷出现的时候，人会依据自身对于规则的理解尝试解决纠纷。但有时纠纷还是无法被妥善处理，因为人往往站在自身利益的立场之上，这时候就需要有一个相对客观和中立的第三方公正地处理这些纠纷。

在洛克眼中，上述纠纷主要表现为财产纠纷：在没有国家、政府、法律之前，人们相处得很好，但每个人会创造自己的财富，而客观上这些财富之间存在边界，按照现代经济学的解释，这些财富存在产权不明晰的问题。换句话说，就是人的"有限理性"不能够把握住规则的全部，不同个体会从各自不同的利益出发行事，因此需要有中立的力量来裁判，大家都要服从这一力量。在上述情况下，人们才组成国家，组成政府，制定法律。

总而言之，国家、政府、法律的产生是为了让财产纠纷得以解决，让人们的生活变得更好。洛克的自然法中有一个很重要的思想，就是即使没有法律，没有国家、政府，我们也能生活得不错，国家、政府、法律是为了让我们过得更好而存在。换言之，如果法律不能够保证实现这个目的，我们就可以推翻它。在这个意义上，洛克的自然法版本带有革命性的意义，它意味着我们可以反抗法律规则组成的现行社会秩序。

我们知道美国的建国精神，其自然法根源比较典型地体现在洛克一脉。为了保卫自己，人民有起义的自由和权利，公民可以持枪，如果国家的公权力肆虐，人民的生活不如以前了，他们便可以推翻政府。即使在没有革命的情况下，美国也存在选举政治，人民可以让更好的人来执政，设立更好的规则，设立更好的法律。因此，对于人民而言，美国各党派之间需要竞争，哪一方能给我更好的生活，我就选谁。如果整个统治都不能使我的生活变得更好，国家的存在就没有意义了，我就可以推翻它。

尽管自然法这个概念是西方思想家提出的，但是我们想一想，自古以来，中国历史上所有的革命和改革都是对现行秩序的推翻和调整，其变化的理由其实同洛克的自然法原则相似。比如,陈胜、吴广鼓动起义时的口号"王侯将相,宁有种乎?"就表现出一种政治上追求平等的思想。我们所熟悉的近代的口号,比如"打土豪,分田地",也体现出农民一种朴素的理想,体现出他们对于均分财富的要求,这就是一种经济上平等的追求。中国当代改革开放背后的自然法是什么?邓小平讲"贫穷不是社会主义",这就是一种对富裕生活的追求。如果社会主义最后使人民无法摆脱贫困,生活无法变好,那它就不是真正的社会主义,因为过富裕的生活是人民应得的自然权利。所以,"贫穷不是社会主义"这几个简单的字中,蕴含了一种革命性的思想,即对旧有秩序的改变和打破。

所以说,洛克的自然法思想带有很强的革命性。这种革命性大到推翻一个政权,小到更改、废止一条不公正的法律条文或者制定一个新的法律。我们知道立法的正当性不是来自权威或者专业学者的论证,而是来自民主,即来自人民认为现行的法律条文是否满足心目中自然法意义上的正义。对于学法律的人来讲,这是必须了解的最重要的基本思想之一。

在西方法学史中,自然法的思想从古希腊、古罗马一直延续到今天,按照自然法学家的理解,法律之所以称为法律一定是具有某些特质,就像说一个人具有人性一样,法律应当具有某种"法性"。什么是"法性"?不同的自然法学家会给出不同的回答。有人认为"法性"是根据周遭事物的本质提炼出来的，有人认为是根据人的有限理性而把握到的局部的神的旨意。无论自然法原则如何变化，它的特质是永恒和确定的，可以据以评价现行的法律。在这个意义上，自然法原则有时会"游离"于现行的法律体系之外，有时会批判现行法，有时也会为现行法律体制辩护。

自然法为现行法辩护典型地体现在霍布斯的自然法原则中。和洛克完全不同，在霍布斯的笔下，自然状态并不如洛克所讲述的那样天下太平、人与人和谐相处，而是一个人与人相互恐惧、争斗、杀害而无所休止的暴虐世界。每个人的基本自然权利首先是自我保全，为了保全自我而杀死一个人，在霍布斯看来这便是自然权利。

在黑暗森林中，每个人都生活在恐惧不安的状态里，人们最基本的需求就是活下来，和平是我们第一个要追求的东西，在此基础上人们订立社会契约，制定法律，组成国家与政府。霍布斯对人性的假设与洛克完全不同，我们很容易联想到中国古代荀子这一脉以及后来法家的思想，即根据统治对象趋利避害的本性进行治理，颁布法律。

通过对比两个不同版本的自然法原则，对于"法律会不会使我的生活变得更好"，我们就不难得出：在洛克这里，法律是为了解决一些财产纠纷，让生活变得更好；可在霍布斯那里，法律可能是为了让我远离恐惧和战争，让我的生活不至于变得更坏。在霍布斯的版本中，他更加强调安全和秩序的重要性，这一重要性也构成了在此自然法原则基础上建立的法律的核心特征。

现代社会的法律有各种不同的种类，也以各种不同的形式和面貌出现。作为一名刑法学者，我的专业是刑法，我倾向于人性本恶的理解，至少像刑法规定的不得杀人、不得强奸、不得抢劫、不得放火的条文，不是基于人性本善的角度设立的，或者说它们并不是为了让生活变得更美好而建立的，而只是为了不让生活进入一种更糟糕的状态。但是在其他一些法律中，比如经济的法律、民商的法律、合同的法律，我们就很难读出人性本恶的观念。因此，现代社会的法律很难一概而论。

涂尔干在讲两种社会团结形式的同时也讲到了法律。在机械团结的社会中，为了维护集体情感，需要压制性的法律。压制性的法律往往被投射在刑法中，因为刑法中很多犯罪行为是人神共愤的，它们侵犯了人们共同的道德情感和正义良知。但是在涂尔干描述的有机团结的社会中，更需要协作型的法律，例如解决经济纠纷一类的民商事法律。因此，在讨论法律问题或者理解它对社会的影响时，我们首先要追溯到不同法律背后不同的人性假设和社会模型等元概念、元理论。

边界与责任——基于"法律人"的身份

车浩：法律人的社会责任问题，其实涉及学法的同学或者是从事相关职业的这个人在什么情况下是"法律人"。每隔一段时间，法学界就会有这样的声音出现：法学是一门社会科学吗？法学自身非常特殊，从西方最古老的意大利博洛尼亚大学的法学、神学、医学三个学科算起，法学可以说是人类最古老的学科之一。在国外，法学院、商学院和医学院也往往被视作职业学院，具有某种职业培训的性质。你进入这个专业学习，数年后毕业时会有特定的行业供你择业，比如在检察院做检察官，在法院当法官，在公司做法务，去律所当律师，这与很多其他专业学生的职业选择是不同的。因此，"法律人"在社会生活中所承担的责任与其扮演的社会角色是不可切分的。

但是，我们也发现，法律在社会生活中如此无孔不入，很多同学便会有疑问："难道法律仅限于法院、检察院、律师行业吗？国家的法律是谁制定的？国家法律也不是法院、检察院、律师制定的，这个难道不是法律问题吗？政府建立法治政府，官员依法行政，他们是否算作'法律人'？"正是在此处，涉及一个经验上的共识，即政府权力的分立在大部分国家是被明确地认可的。立法和司法在今天，甚至在中国古代也从未合一，立法权是立法权，司法权是司法权。虽然中国古代社会并没有产生孟德斯鸠"三权分立"的思想或者洛克"权力分立"的学说,但中国古代的县官也不能既充当行政长官、兼任司法长官,同时还是立法者,因为立法权是被中央牢牢掌握的。

因此,正义在不同领域中也以不同的面貌体现出来,立法领域的正义和司法领域的正义是不一样的。我们知道,正义与权力的实施密切相关,而权力又被划分成不同的面貌,那么其体现的正义当然也不一样了。

对于"法律人"而言,主要的就业方向是法院、检察院、律所、公司法务等,因此他们的职业主要是在司法这个领域之中。那么,我们在解决一个特定的纠纷、签署一份特定的合同的时候,应该如何使用现有的法律规范呢?这个问题的答案很简单也很明确,那就是必须也只能以现行的法律为根据,也就是说在实定法(已经被制定出来的法律)的苍穹之下生活,这就是99%以上的"法律人"的社会角色。

实证主义与安定性——基于纽伦堡审判的实例

车浩:刚才提到的自然法思想,是一个初学法律的人需要掌握的两种基本法学思想之一,它的对立面是实证主义。倘若你问什么是法律,自然法学家会回答说法律一定都具有某些特性,无论这些特性的本质是来自事物还是来自神，抑或来自人的有限理性。但是法律实证主义不是这样认为的，从奥斯丁所讲的"法律是主权者的命令"起，法律实证主义者就认为被实际制定出的法律，无论其中是否具有自然法所讲的人的理性、神的旨意等，它们都是法律。有一点需要注意，法律实证主义强调法律和道德判断、价值判断的分离，这并不是说法律跟道德、价值没有关系，只是说在确定"法律是什么"的时候，需要把二者区分开来。我们可以说法律有问题，我们应该经过程序修改它，但是在它被修改之前，它永远都是法律。而按照自然法的思想，即使我们没有修改，如果法律是恶的，它便不再是法律。这就是二者根本性的差别。在这里，我们不是强调法律实证主义一味地为法律辩护，它也承认法律可以改、可以废、可以立，但是在此之前，法律始终具有法律效力，必须被尊重、被执行、被遵守，如果要受外部价值评判的决定性影响，法律就不再是法律了。

我们所熟知的纽伦堡大审判，就是一场重要的自然法同实证主义的"单挑"。由于在纳粹执政期间，大量不违背正义的"恶法"频频出现，法律实证主义的立场遭到质疑。我们今天回过头看纳粹时期的法律，被诟病的那些法律的制定程序也是没有问题的，按照法律实证主义，法律既然被制定出来就必须被执行。但是，当时学术界就重新提出了自然法的观点，对于纳粹执政期间颁布的法律，当其严重地违背了人对正义的基本理解时，它就不再是法了。这是自然法对法律实证主义的总反攻。

但是，即使在纽伦堡大审判的时代，我们仍然追求法律的安定性，即法律规定应该得到遵守。当我们评价某部法律是否合乎正义、人民的利益时，上述的价值判断其实都要服从和让位于作为第一性的安定性，即法律实证主义。现代社会已经进入了一个多"神"之争的时代，每个人都有不同的善恶评价。这种情况下，究竟谁能够代表社会公众的声音呢？这个问题只有一个答案，即法律。因为法律在制定时是由全国人民代表大会投票通过的，它代表了民意。如果觉得法律不公正，我们可以再启动相同的程序对它进行修改，但是在没有修改之前，我们不能谈民意，因为法律就是最大的民意。如果每个人都按照自己的价值判断理解法律，那么一定没有人遵守法律。当每个人都回归个人对禽兽和非人的理解，退回到霍布斯所讲的"自然状态"时，那就非常可怕了，因此法的安定性被认为是法的首要价值。按照拉德布鲁赫的观点，除非法的非正义性达到了令人难以忍受的程度，否则我们都必须遵守法律。

除了我刚才和大家讲的"贫穷不是社会主义"，我们还有一个很有特色的口号"稳定压倒一切"。我想，如果说"贫穷不是社会主义"是洛克版本的自然法，那么"稳定压倒一切"就是霍布斯版本的自然法，后者会讲无论我们有任何问题、任何诉求、任何改革，具有第一性的、最关键的价值都是稳定、是秩序，而非混乱，中国的"大盘子"

一定不能乱。

刚才讲到虽然法的安定性是其首要价值，但是当其达到正义无法容忍的程度时，也可以将其推翻，《肖申克的救赎》就讲了这么一个故事。电影的主人公被警察逮捕，法院判决他是杀人犯，因此他被关进了监狱，这一切都是在现行法的秩序下进行的，按理说他应当服从法律的审判，但是影片告诉我们真相是他是被冤枉的，这时自然法的原则就体现出来了。从这个角度出发，人不应该为自己没有犯下的罪行承担责任，因此他的越狱行为获得了观众的喝彩。每个人都会将这种行为视为一种激励、一种勇气，但是我觉得越狱的意象根本上带有一种隐喻，就是自然法对现行实定法秩序的打破，越狱实际上是越实定法之狱，换句话说，如果法律没有让我作为守法之人变得更好，反而让我的处境因为被冤枉而变得更坏了，我为什么还要服从它呢？所以说这个片子其实有很深刻的含义。

理想与使命——基于司法、立法、行政与法学研究的视角

车浩：再回到法律人的责任的话题中，其实99%的"法律人"是在实定法的苍穹之下的。在这种实定法的笼罩下，我们用法条去审判案件，用法条去签订合同，换言之，只有以法律为遵循，人们在法律之下才有自由。小到遵守

"红灯停、绿灯行"等交通规则,在课堂上不随便走动,这些都是广义法律规则下的秩序,任何领域都是法律所在之地。法律人的工作就是在实定法的笼罩之下,去处理人与人之间的各种纠纷。

除了司法的工作,有些人会从事一些立法的工作,因为实定法的天空也需要修修补补,有时甚至需要改头换面。1949年新中国成立之后,国民党的"六法全书"被全部废除,我们需要立自己的法律。大家都知道立法的权力来自人民,因此我们制定的法律要普遍地适用于所有人,它一定是在得到绝大多数人同意、认可后才生效的。从社会契约的角度讲,法律一定不是来自法律专家,他们不一定能够代表人民,况且法律不专用在专家身上,它适用于所有人,所以不能让法律仅仅体现法学家的意志。

人民行使权利制定法律的过程,在国外体现为议会,在我们国家体现为全国人民代表大会,法律人在这个过程中要发挥怎样的作用?我认为肯定不会是决定性的作用,因为这一过程的正当性来自民意,而非来自专业性。国外的议会也好,中国的全国人民代表大会也罢,没有一个国家的立法机构是以学过法律为准入门槛的,所以决定法律获得通过的民主程序代表的是人民而非掌握特殊理论、具有特殊价值观的法律人。但是为了使民意能够得到清晰地表达,使法律变得确实像"法律",消除法律体系内在的价值冲突,使法律更好地为法官使用并更好地适用于普通人,法律专家需要对修法提出意见，这就是"法律人"能够发挥的作用。

在立法之外还有行政领域，这一领域中的治理者是行政官员，或者说是行政官僚系统，那么法律在这里又意味着什么？我认为法律是社会治理中的一个重要工具。对于法治化程度高的政府而言，在它的工具箱中，法律占了绝大部分空间，但永远不可能占据全部。我们希望能够存在一个架构，使执政者的权力被法律所约束，而不仅仅是方便政府把法律作为其统治的工具。这样一个限权的政府，不能寄托于"哲学王"或是一个特别伟大而英明的人，因为一个人不可能穷尽全社会的知识，他也不能突破实定法的苍穹。

法律人的理想是什么呢？我们希望在这个领域中的每个人都能受到实定法的笼罩。有时治理者的头会探出天空超越实定法而使实定法只笼罩被治理者，这就引发了人治和法治的对立。法治的意思是，"朕并非天子"，我们都在实定法的天空之下。对于法治而言，仅有法律是远远不够的，我们中国古代一直都有法律，但那并不是法治，因为皇帝往往是在实定法的苍穹之上的，只要有一个人在实定法之上那便不是法治社会。即使只有他一个人超越法律，但他的意志可以影响很多人，这时实定法的天空就有坍塌的可能性。因此，所有人都在实定法之下，才是法律人所期望的理想状态。

在社会生活当中，我们把法律划分成三个领域：司法的领域,以现行法为前提和框架;立法的领域,以人民的意愿为凭依;社会治理的领域,我们希望政府在实定法的苍穹之下展开行政管理活动,而非仅把法律作为一个简单的工具加以运用。这个时候法律人的社会责任就可以展开来说了。绝大多数的法律人都是在实定法的苍穹之下从事司法工作,比如法院、检察院、律所、企业法务部门等,这些机构的工作都是以现行法为根据展开的。法官判案的时候,不可能基于专家呼吁、社会舆论做出判决,即使一个人万恶不赦,众人皆曰可杀,刑法上没有规定他为犯罪,他就是无罪、自由的。康德认为,自由和平等只能在法律范围之内,意思是说如果我们不遵从法律就会丧失平等和自由,如果公众、法官可以根据好恶判你死刑,即使你没有违反法律,但是因为公众、法官对你不满意,你就必须接受死刑,这是多么可怕的事情。因此,我们一定是以现行法为根据进行案件审理的。

在这个过程中,我们的社会责任是什么?我们不像历史学家研究秦汉时期那样,可以躲进小楼成一统,只对过去和理论负责,我们的双脚始终踏在社会现实当中,面对的是现实的事情,解决的是人与人之间发生的纠纷,要对当下负责,无论未来的理想多么宏大,无论过去的事业多么辉煌,对我们而言,这些都不能成为非法改变现实中每一个人的生命、自由、财产的理由。我们的职业跟医生很像,医生不可能在手术台前面对病人的时候说:"不好意思,我们医院的设备不太先进,现在无法医治你,请你先爬起来,等我们引进了设备再对你进行治疗。"人命就在医生面前,他是不可以这样说、这样做的。我们常常觉得法律不太完美,但是现实的情况是,我们无法等待一个应当的法律,因为现实的案件和实在的法律就在那里。当案子摆在你面前时,到底如何审判就是你的责任,如果你这个时候轻飘飘地躲过,你就不配从事这个职业。

学校里研究法律的学者、法学家做的工作是什么呢?中国大学的法学教育者在20多年前基本上都在从事立法论的研究,过去本科生的毕业论文几乎清一色地都是类似的文章,比如写合同法第几条、刑法第几条的修改建议,比较国内外的立法,等等。每个人都在写他理想中的法律,每个人都在写利用理想中的法律如何解决问题。但是,学者最重要的职业伦理,不仅仅是去构思理想的法律,因为我们不是立法者,立法的正当性来自全体人民,更重要的是现实中的疑难问题究竟应该如何解决。一些学者不研究具体的案件审判,只研究理想中的法律,就好像堂吉诃德大战风车,理论脱离实践,学术的研究常常无法解决实践中遇到的问题。

学者提供的很多建议都是给立法者的,这当然也很有价值,除此之外,更多时候学者所面对的不是立法官员在向你咨询,而是千千万万案件中的司法人员,包括法官、检察官甚至律师在向你咨询。这十多年来,法学研究正在经历一个很重大的转向,即我们需要认真研究司法论、解释论。中国社会的情况特别复杂,我们同日本、德国这样的国家不同,它们所出版的判例百选往往需要好几十年间发生的案件的积累,这主要是由于它们的社会秩序已经相对稳定了,一些边缘性案件、新型案件发生得比较少。但是,正如我们所知道的,这些年中国在许多领域不是线性发展,而是弯道超车,实现了抢跑,所以产生了一些新问题,比如说电子支付及其引发的新型案件,在国外基本上不会大量出现,这些案件需要当代中国的法学家给出答复。

总结一下,作为相关行业的从业人员,我们的职业伦理、社会责任究竟是什么?我觉得应该是这样的,即生活在实定法的苍穹之下,司法者原则上必须遵循现在的法律。

我们常常听到一个朴素的道理"法有限而情无穷",我们常常发现法律规定永远赶不上现实变化的情势。"故意杀人"仅仅四个字,"收买被拐卖的妇女"仅仅八个字,这几个字究竟有多大的能量能够管辖全国各种各样的案件?简单的法律文字只能涵盖典型的、有限的情形,如果我们没有社会责任,那么在有限情形之外的情况便无法处理。公众呼吁推动修法看似与司法者没有关系,但是大家知道修法是一个漫长的过程,任何国家法律的修订都要消耗极大的成本,需要丰富的调研,那些一字千金的法律文字不是能随便更改的。所以说,"法律是立法者的事情,不在我司法者"这种说法是不负社会责任的。

我们为什么学习法律？如果同学们学习法律、研究法律，最后得到的只是和普通人一样，看到法律条文只能够机械地处理相关情况，那么就对不起在法学院的学习和法律这个职业。公众所呼吁的正义，在不违背法律的条件下，在未修法的实际状态中，如何努力达到，这才应当是绝大多数法律人的工作。在完善法律之前，我们不能"躺平"，不能说"法律就是这样，只能等待将来修法了"，我们应该努力去理解法律。法律是有生命的，即便只有几个字的一句话，我们也一定要挖掘出更多的内涵，解决更多的问题，这样才配得上专业学习和职业要求，这是我们努力的价值，更是我们的社会责任。

法律人所理解的"正义"

车浩：刑法实际存在两个面向。其一在于威慑，但对于一些闭塞的农村居民而言，他们很难了解法律对犯罪行为的严惩，因此重刑难以发挥威慑的作用。其二，它还有一个面向，我们称之为报应，就是依罪行的严重程度应有等价性的报应，才能实现人们心中的公平。它的正当性基础在于我们古代讲的"以眼还眼，以牙还牙"的同态复仇——"杀人者死""以命抵命"，这是普通人朴素的观点。现在的问题是，我们内心的正义和朴素的感情无法让我们接受罪刑不相适应、"恶人"没有恶报的现状。

如果将来全国人大修改法律、提高法定刑，法律人当然可以接受。但是在此之前，我们可以问心无愧地说，我们在解释论上已经尽了努力，我们作为法学者的社会责任已经尽到了。法律修改之前，我们也努力去实现正义；法律修改之后，我们就按照新修改的法律行事。法律代表民意，在修改之前也是民意的体现，只是可能不那么完善。而通过解释使它完善，是职业法律人要做的工作。

从一个法律人的角度，怎么理解我们职业所面对的正义？首先，你要对法律负责。新的法律出来了，你也要对新的法律负责。法不溯及既往，这是基本原则。此外，由于法具有安定性的价值，因此只要现有法律能解决问题，就不应轻易修改法律，只要它能够实现正义，就要放心地让司法者助力去实现正义。但有时候正义的实现，往往存在于老百姓看不到的地方。如果司法者每一步工作都能被清晰易懂地展现在老百姓面前，法律就不是一个职业了。医生的每一次手术，每一步下药，每一步动刀，老百姓都清清楚楚，那要医学院的学生干什么呢？法律理解的正义跟公众追求的正义有时候确实并非完全相通。法律工作是有专业门槛的，当涉及法律问题时，谁会放心把涉及生命、自由、财产的纠纷，交给一群跟自己完全一样没有学习过法律的人？他们会想：凭什么你就可以作为一个中立的裁判者来裁判正义？如果说你不在此之前尽最大努力，你就对不起社会安排给你的分工。

"王道"与"霸道"

车浩：如果执政者跳出司法的伦理与逻辑，他思考问题的方式肯定与原先不同。这就是过去所说的：治理天下，"霸王道杂之"。学者在文章中肯定是主张"王道"的。至于"霸道"，以法家为例，执政者其实可以通过"连坐责任"和"跨省举报"实现"内外夹攻"，进而解决问题。

如果仅采取严格的领导连坐责任制——只要辖区内出现一起买卖人口的案件，相关部门的官员就被撤职；在这种制度下，依据法家人性本恶的理论，为了保住自己的"乌纱帽"，买卖人口的案件可能就不会再出现在大众面前。此时，"跨省举报"就显现出其意义了——虽然执法当地可能出现"官民一体""官官相护"的现象，但通过跨省举报的形式，举报者可以摆脱乡村伦理与熟人社会的束缚。同时以中央设立有偿举报平台作为激励机制，联动案发当地执法部门配合调查——如果举报案件被查清、被拐卖妇女得以解救，那么相关人员既往不咎；否则实行严格的领导连坐责任制，撤职相关人员。我想，通过这两个制度的"内外夹攻"，买卖人口的相关案件应当能够得到解决。

但我在公开发表的文章中没有表达过这样的观点，因为在我看来，举报这件事，可能是放出一头恶龙，吞噬另一头猛兽。举报并不是中性的，有的时候你之所以能举报，一定是因为你分享了信任——你一定是比其他无力举报者多知道了一些信息，而你知道的这些信息可能来自一个信任共同体，举报的过程就是打破已有信任的过程，不管这种信任是什么，举报从这个意义上来说是一种"背叛"。在公安部的专项整治行动中，"设立举报"是手段之一。实际上，这种治理方式可能是真正有效遏制买卖人口不良风气的手段。这也体现了法家理论的特征——利用人心、利益进行治理。"教育、发展"这类王道的治理手段尽管能从根源上解决问题，但在现实执法过程中，却无法起到即时、有效的作用。

在刑法上，我们把成熟的身心状态、辨认和控制行为的自由意志，作为犯罪人因不法行为承受刑罚惩治、道德非难的基础。这就是所谓刑事责任能力。但在中国偏远的、教育不及的地方，那里的人对婚姻、家庭、配偶的理解，可能完全是处在一种愚昧落后甚至不可理喻的状态。面对这种情况，重刑只能平息被害人家属和旁观者的愤怒，但对犯罪个体的愚昧而言，是无能为力的。因此，教育和经济发展才是根治问题的手段。

数据确权的立法技术与情怀

学生：中国作为人工智能的发展大国，拥有海量的数据，进而形成了广阔的商业应用市场。在个体层面，民众拥有处置数据的权利;而在国家层面,数据被视作生产资料的重要组成部分,某种程度上,国家拥有运用数据产生价值的权利。您认为应该如何立法,才能兼顾技术和情怀,实现数据价值的最大化?

车浩: 现在由于人工智能的发展,大数据应用的前景十分广阔。很多时候企业收集了大量的个人数据,如果能够将其用于企业的经营生产,就会带来巨大的社会经济效益。但同时,这可能涉及个人对信息主张的权利。在我们国家,这个问题目前还在争论之中,数据这种形态的出现确实动摇了以前人们对于一般的、普通的财产形态的理解。争论过程中存在两种观点。一种观点倾向于从国家治理、公权力行使的角度理解数据的权属。另外一种观点则更具有个人权属的性质。

以电子支付为例,一方面我们享受着它带来的生活便利,但另一方面,我们每天的行踪轨迹、消费习惯在大数据面前都无所遁形。这就是人类生活进步的代价。有的代价近在眼前,而有的代价尚未显现。正如茨威格所言,"所有命运赠送的礼物,早已在暗中标好了价格"。当科技的发展一路高歌猛进,就带来了马克斯·韦伯所说的"祛魅":宗教、文学、艺术的价值都让位于理性的发展。或许我们对在这个过程中失去的东西,今天还没有特别的体会。

具体到这种数据的应用上,我个人还是对此保持犹豫的态度。因为它涉及未来你到底需要付出什么,才能换来眼前的便利。依照马斯洛的需求理论，或许目前这些数据的应用尚未影响到我们对于尊严、自由的需求，因此我们尚能妥协。但如果到了我们开始在乎隐私、尊严和自由的那一天，它们已经无处可寻了，那时我们应该怎么办？这是永远都需要拿捏平衡尺度的问题，我觉得没有一个必然的答案。

作为社会中的建设者和批判者的法律人

学生：兼具公共知识分子身份的法学家，应如何向公众传达法的正义？

车浩：在这个问题上，法律人存在不同的身份。作为技术专家，很多法律人都会向社会困弱群体提供无偿的咨询、援助服务。而法律人在作为公共知识分子时，往往会关注一些涉及正义、是非的命题，扮演对现行法秩序批评者的角色。批评的程度可能存在差异，小到批评一个条文，大到就整个体制进行批判。毕竟体制就是由制度构成的，制度涉及个人权利和公共权力的划分，法律人有技术专家的经历，因此有时候的批评能够一针见血。

在北大，我们怎么体会一个人在社会上作为建设者和批判者的角色？一方面，当你作为一个法律技术专家的时候，面对的案件可能涉及每一个家庭、每一个人具体的悲欢离合、生老病死，生命、自由、财产的安排，你需要在现行法的苍穹下处理这些案件。当你使这些人间苦难问题在现行秩序下得到妥善解决时,作为技术专家的你就承担了相应的社会责任,就积极地参与建设了这个社会。另一方面,当你就条文、体制进行批评时,同样履行着一种公共知识分子呼唤作为立法主体的人民的意识觉醒的社会责任。

在我看来,建设者和批判者没有高下之分,最终还是个人的道路选择。就国家层面对法律人才的培养而言,法学院主要培养的是建设性的技术专家,这是维持社会秩序的必然要求。但与此同时,社会肯定也需要批评者的角色来推动法律的改革与完善。

车浩与学生合影

微语录

※ "法律人"在社会生活中所承担的责任与其扮演的社会角色是不可切分的。

※ 我们可以说法律有问题，我们应该经过程序修改它，但是在它被修改之前，它永远都是法律。

※ 人们在法律之下才有自由。

※ 法律人在立法中不发挥决定性的作用，因为立法的正当性来自民意，而非专业性。决定法律能否通过的是人民，形成向外公布的、合理的语言文字体系则需要专业人士。

※ 法律是社会治理工具箱中的重要工具，但不是唯一工具。

※ 人民不需要法学家去告诫，每个人都有自己的价值观、正义观，法学家可以去启蒙、去引导，但是很难完全说服人民。

※ 法条是生长的，像世间的一个个生命，生发出来时不一定都闪闪发光，但是它会成长，我们努力的价值就在于更多地理解法律。

※ 法律也是一种沟通、一种谈判。

※ 教育和经济发展才是根治问题的手段，因为重刑解决不了愚昧。

经济学者的人文关怀

王跃生

王跃生,北京大学经济学院教授,国际经济与贸易系主任。现担任北京大学-中国银行欧盟经济与战略研究中心主任,兼任中国世界经济学会常务理事、中国国际经济关系学会常务理事等社会性职务。主要研究和教学领域包括当代中国经济与世界经济、经济全球化与企业国际化、国际企业制度与跨国公司。出版图书《变化世界中的经济体制——90年代的比较经济体制学》《天下没有免费午餐——改革成本问题研究与国际比较》《经济学:愉快的通行证》《经济学与社会关怀》《国际企业制度创新》等,发表论文百余篇。

种子以理化生
需要人文的底色

王欣生
2022.4.15

王跃生：同学们好，今天我分享的主题是"经济学者的人文关怀"，也可以称为"经济学者的人文情怀"。我讲四个问题。

经济学发展趋势的争议与人文关怀

王跃生：第一个是经济学的人文关怀和人文情怀问题的提出，即这个问题的缘起。我想从经济学发展趋势的争议说起。大家知道，经济学被称为"当代显学"，它在当今人文社会科学中显得相当重要，经济学和管理学在社会上甚至包括大家高考填报志愿的时候，都是非常热门的。这种种现象都显示出经济学已经引起了全世界、全社会的共同关注，这一点是我们经济学研究者深感自豪的。

但是，经济学本身在发展的过程中也充满着问题、矛盾和争议。其中一个争议是，经济学现在变得越来越技术化、数学化、"科学化"。有一种说法是"经济学终于变成了科学"，意思是早年间经济学就不是科学，是后来才变成科学的。为什么呢？因为它成功地应用了数学。一个学科成功应用数学就是其变为科学的一个基本标志，换言之，经济学也越来越数学化了。我们现场有经济学院的同学，大家越来越发现从本科念到硕士再到博士，学宏观经济学、微观经济学、计量经济学基本就是学习数学的推演，越到高阶越如此。经济学的数学要求的确很高，尤其是高阶论文包括博士论文的写作基本上都离不开数学推演、数学模型和数学实证。但是，随着这种技术化、数学化、"科学化"的发展，经济学的人文色彩、社会科学色彩、思辨色彩变得越来越淡。这种趋势的优劣我们不好一概而论，其中肯定有科学、合理的成分，这是一种全世界的，特别是以美国为代表的趋势。

经济学越来越技术化、数学化，对于这种越来越重术轻道的趋势，经济学界内外一直存有争议。其实，在越来越技术化、数学化、"科学化"的主流经济学（宏观经济学、微观经济学、计量经济学）之外，也存在一些所谓"非主流经济学"，我认为它们也非常重要。比如说新政治经济学、演化经济学、新制度经济学等一些学科侧重从机制、制度、人自身的经济行为等角度研究经济问题，探究经济现象背后的原因，探究人类经济行为的动机。从这些角度看，它们对技术化、数学化、"科学化"的趋势存有高度的怀疑。

由此，我们可以提出这样一个话题——经济学究竟是否需要人文情怀、人文关怀与社会关怀？我的答案是肯定的。无论经济学如何技术化、数学化、"科学化"，它终究是社会科学，其性质无从更改，它研究的是社会现象，而不是自然现象，它需要有社会的关怀和人文的关怀。这就是问题的缘起。

那么，我们所说的经济学的社会关怀或者人文情怀究竟指的是什么呢？在我看来，简单而言，所谓经济学的社会关怀、经济学者的人文情怀，指的就是经济学者在研究经济问题的时候，应该更多关注现实、关注社会、关注人的行为，应该更加重视真实世界与现实世界，而不是走向脱离现实的抽象化，离现实越来越远。这种人文情怀、社会关怀也要求我们把历史认知、哲学思辨和文化因素引入经济问题的研究。我认为，只有如此，经济学对经济现象的研究才是真实的、可信的，其结论才是具有现实意义的，依据这些结论出台的经济政策才是能够引导现实和指导现实的，否则它们就会成为空中楼阁。

我举个例子，比如说现在大家都很关注的问题：中国的人口出生率越来越低，人们越来越不愿意生孩子，新生儿的数量越来越少。此前，我们预计到2027年或2028年，中国的人口将达到最高峰并开始逐渐下降，但现实是，2021年我国人口比上年末仅增加约48万人，这对一个总人口超过14亿的国家而言，的确是微乎其微的。照此趋势发展，人口绝对数量减少、人口出生率明显下滑甚至为负可能要比我们此前预计的时间提前几年。这是一个非常重要的经济问题，因为人口减少标志着劳动力减少，而劳动力是最主要的生产要素之一。对于这个问题，我们应该怎么分析呢？

经济学对这个问题的分析有很多，劳动经济学、人口经济学专门研究这些问题。按照经济学的思维，经济学家倾向于认为人口增长是人均收入水平的函数，随着收入水平的提升，人口出生率的降低、人口自然增长率的下滑、人口的绝对数量减少是一个正常的、自然的经济现象。"人均收入、人均 GDP 增长百分之多少，人口出生率就会下降百分之多少"这种数量关系的数学模型，是经济学研究的一种基本思路。这种思路的确有助于说明问题，但是还远远不够，因为将人口增长仅仅或者主要理解为受收入水平影响，太过简单和武断了。落实到经济政策上来，上述研究认为我们对这一问题是无能为力的，收入水平上升，人口自然下降，美国如此，欧洲如此，日本、韩国都如此，中国将来肯定也如此。但是实际上这种观点并不完备，也没有多少新意。大家想一想，影响出生人口数量、人口增长率、人类生育行为的因素有很多，收入固然是个重要因素，但除此之外，社会发展、家庭状况、亲子状况、代际抚养，包括制度环境、文化传统等问题都影响人们的生育行为。我国传统中"养儿防老"的观念现在是否仍然存在？我们的制度环境和经济模式如何影响人们的生育行为？只有从这些角度研究人们为什么不愿意生孩子，而不是仅仅将其归因于诸如收入增长之类的现象，才能找出中国出生人口下降的真实原因。

通过举这个例子，我是想说明当然应该从经济角度来解释经济问题，但是如果仅仅从经济角度来认知的话，我们的结论很可能是片面的。同时，我们经济研究的话题提出,不仅仅来自国际主流刊物,更应来自我们社会与经济的现实。这就是我所理解的经济学的社会关怀与经济学者的人文情怀的一个含义。

经济学相比于其他社会科学学科有一个很大的不同,我们也可以理解为它的一个优势——经济学研究是有统一尺度的,这个尺度就是货币价值或者说是价格。经济的许多因素都可以用货币价值来统一、通约,因而其往往是可以计算的,这是经济学比之其他社会科学学科的一个优势。其他社会科学学科恐怕很难找到这么一个公约数,而经济学能够找到这样一个公约数,正是因为它是可以计算、通约、计量的,它可以采用很多数学的方法。也正因为如此,经济学自己有一个说法——"经济学是社会科学皇冠上的明珠",因为它需要大量使用数学的方法,门槛较高。

有一个说法叫"经济学帝国主义"。"经济学帝国主义"指的就是经济学像当年君主统治的强大国家一样到处攻城略地,什么问题都可以包含在经济学研究之中,比如教育经济学、人口经济学、经济史学、法经济学、文化经济学等,所以出现了"经济学帝国主义"的说法。这一说法正确与否我们不去争论,但恰恰是因为经济学触角伸得过广,我们就必须意识到经济学不能包打天下,不能解释一切,不能孤军奋战,不能孤芳自赏。经济现象终归是人的行为的集合,如果不去研究经济现象背后的人和其行为发生的机理,你的经济研究就会脱离真实世界,而你所自豪的计量也好，实证也罢，就会变成一种常识的论证和数学的游戏。

这是我讲的第一个问题，就是经济学的社会关怀和经济学者的人文情怀的缘起。

个人对于经济学者人文关怀的偏好与坚守

王跃生：第二个问题，我想讲一讲我个人对于社会关怀与人文情怀的理解，或者说我个人的偏好与坚守。

总体来说，我们这一代学者所接受的所谓经济学的技术化训练是非常有限的，这是我形成个人偏好的原因之一。我之所以一直反对经济学单纯技术化、数学化的趋向，是因为经济学的研究对象是社会经济现象，而这些现象背后的基础是人类的经济行为。人类的经济行为是人类行为的一个方面，它肯定离不开其他的方面，比如性格、教育背景、地域特点、观念等，所以我认为对经济现象和经济行为的研究一定离不开对人的研究。我一直主张经济学研究、经济学者应该具有社会关怀，面对现实、关注社会、关注人与人的行为，我个人一直如此行事，也一直如此坚持。那么为什么会如此呢？我想可以从我个人的学术经历来探讨。

首先，我觉得可以从个人的理想和学术经历这个角度来探索。我当年考北大的时候是一个文科生。在我们那个时代，文、理完全不搭界。我是1979年考入北大经济系的，距离现在已经40多年了。我们那时是先考试，再报志愿，我考得比较好。都说学文科最好的学校就是北大，我本来的理想是北大中文系，大家都说北大中文系是人文社科第一系，经济系则没怎么听说过。但是后来我周围有人建议说，随着改革开放，中国会越来越变成一个经济社会，学习经济才有出路，才有前途。最后我报考了经济系的世界经济专业，我就这样进入了经济系。但因为我是个文科生，爱好文史、读书博杂的特点始终没有丢弃，书也看得比较多，当然不仅仅限于我们专业的书籍，什么书我都看。

北大经济系当时就两个专业——政治经济学专业和世界经济专业。我所在的世界经济专业不是一个纯理论专业，更不是一个数理专业，它是研究国际经济问题的。按照当时的理解，世界经济就是研究外国经济，比如研究美国经济、研究苏联经济、研究日本经济等等。你要研究外国经济，就要有一种国际视野，对你所研究的国家的历史、地理、文化等必须都有所了解。世界经济专业刚好是这样一个具有综合性、包容性的专业。我当时选择了研究苏联经济。苏联已经解体了，当时却是超级大国之一。我们当时的最高理想就是：研究苏联经济，你要成为一个"苏联通"，同样，研究美国经济就要成为"美国通"，它的语言、文化、历史、地理、政治、经济、社会、文学、音乐、艺术等，你都要有所了解，在此基础上，你才能理解这个国家的经济;如果你仅就经济说经济,那是不够的。这样的培养模式对我影响很大,使我更愿意从社会、人文的角度去看待问题和思考问题。

其次,我们那代人在接受经济学教育的过程中,受老一代的经济学家的影响是很大的,甚至我们后来研究的倾向、偏好也是在这个过程中塑造的。自20世纪70年代末进入北大,我们并没有接受多少技术训练,那个时候的经济学基本上就是马克思主义的政治经济学,而马克思主义经济理论实际上偏向理论思辨、形式逻辑。我们虽然也学习了数学,但是实际上没有在经济学中得到应用。在那样一个时代,我们的几位老师对我们影响巨大。比如说陈岱孙先生。陈岱老是世纪老人,1900年出生,1926年在哈佛完成博士学位,后来回国去清华任教,1953年后来到北大工作。我入读北大时,他已经79岁了,还承担着系主任的工作,直到1985年他85岁了才卸任行政职务。我读书的时候没有直接听过老先生上课,但是他的讲座、谈话还是听了不少。老先生常讲,经济学是"致用之学"、是"经世济民之学",经济学一定要能解决现实问题。陈岱老是我们这个学科的泰山北斗,他的话我们至今笃信不移。

还有我们的授业老师厉以宁老师,我们上过他很多课,而且我有五六年时间跟着厉老师一起做学术研究、参加学术活动,因此我受厉老师的影响很大。对我们来讲,厉老师的确是耳提面命,手把手教我们怎么做研究,他的特点就是习惯从历史、文化、哲学、道德的角度来研究经济问题。厉老师出过一本叫《超越市场与超越政府——论道德力量在经济中的作用》的书,后来还打算写一本《道德经济学》。大家都知道经济学的开山鼻祖亚当·斯密,他最为人知的著作就是《国富论》——一项有关国民财富性质和来源的研究。《国富论》的核心假设是人的自利行为,他认为市场机制最有利于社会。但是大家往往没有注意到亚当·斯密还有另外一本著作《道德情操论》,在这本书中他讲了人的道德、情操、利他主义精神对人的行为的影响和对于市场经济的重要性。《国富论》和《道德情操论》两者合到一起才构成亚当·斯密思想的全部。这也就是后来人们所说的"斯密矛盾",两种倾向到底哪个是他的思想,是《国富论》的自利与最大化的利润,还是《道德情操论》所讲的人的利他主义行为。实际上你如果站得高一点来看,斯密矛盾本身并不存在。

此外,陆卓明老师对我的影响也很大。他的父亲陆志韦曾任燕京大学校长,是司徒雷登的接任者。陆志韦先生是心理学家,是一位典型的中国学者,所以陆卓明老师有着深厚的家学渊源。我跟陆老师上过两轮课,一次是在本科生阶段,一次是在研究生阶段。读研究生的时候,陆老师只给我们两个硕士生讲课,所以我们两个人就到他家里听课。陆老师学养深厚,多才多艺,当时教我们苏联经济地理,他不仅讲地理,还给我们讲苏联的历史、文化、音乐、美术等，我发现这些东西也是非常重要的。总而言之，老一代学者的研究风格对我们这一代人产生了很大影响。

1979年进入北大，我记得当时全班30多个人中有一半是高中毕业直接考进来的，还有一半是从社会上考进来的。我们班年纪最大的同学是1951年出生的，最小的1964年出生，两个人差了十几岁，但却是同班同学。我们这一代人经历了"文化大革命"，经历了改革开放后中国的巨变，我们的价值取向、思维方式趋向于关心宏大叙事，关心制度变迁，具有相当的社会责任感、家国情怀，总是想着指点江山而不限于学习一技之长，这样的思维便容不得我们去做细节的文章。只有当一个社会趋于稳定、成熟时，才会产生微观的思想，产生量化的思维，产生边际的范式。边际就是在最后一点的变量，它只有在一个稳定的制度、环境、社会以及稳定的经济中才会产生。那是一个中国处在巨变之中的时代，时代要求我们具有宏观的思维与宏大的格局。正因为如此，我觉得无论是我个人学习、成长的经历，还是老师们的影响，抑或我们这一代人所处的时代，都容易使我们形成宏观视野、综合性思维、人文关怀与社会情怀。

我是1985年12月硕士毕业的，当时我们专业最高学历就是硕士，我毕业后就留在北大经济学院工作。从1987年开始，我在《读书》《经济学家茶座》等杂志上发表了大量文章，这种写作的习惯一直持续到21世纪初，这些文章都偏重思想性,具有价值观导向,是关注社会、具有人文情怀的。我今天带来两本我写的书送给同学们。一本是《经济学与社会关怀》,是用经济学的思维与理念去分析我们的社会现象。另外一本是《制度、文化与经济发展》,是讲经济学中有一门制度经济学,它偏重从制度的角度分析其对经济行为、经济现象的影响,当然这里的经济制度偏向于正式制度,比如产权制度、交易制度等等。但是之后的新制度经济学认为人的行为除了会受到正式制度的影响外,还受到很多非正式制度的深刻影响,包括传统、习惯、习俗、文化、价值观等等。

经济学者人文关怀的学术价值与当代意义

王跃生:接下来讲第三个问题,经济学者的社会关怀与人文情怀的在当代的学术价值。

学科的分化是当代科学发展的一个大趋势和规律。我是研究经济学的,但其实经济学的很多领域我根本就不懂,因为经济学领域太宽广了,像一个足球场,我所懂得的仅仅占其中一小块面积,而另外很大一块面积我完全不懂或者知之甚少。其他学科也是如此。学科的分化越来越细,往往影响它的综合化、交叉化。这种分化没有问题,但是我们不应该排斥学科的综合化和交叉化。

现代科学体系发展到现在已经容纳不下百科全书式的

学者了。亚里士多德、苏格拉底等大师在哲学、艺术、科学、法学等领域均有著述，但是当今的科学已经将这种现象排除在外了，没有人能够成为百科全书式的学者。假如学科体系是个大饼，我们每个人的知识体系仅仅是其中的一个小点，硕士之后那个点稍微大了一点，博士之后那个点又向外延伸出了一小块，但相较于整个学科体系而言，实在是微乎其微。而我想说的是，社会的分工、学科的细化并不排斥学科的综合交叉，因为社会科学归根到底是以人为研究对象来研究社会的。社会是由个体的人构成的，社会研究要研究人的行为。因此，社会科学其实是"人学"，每一个学科研究人的一个侧面，而且，作为一个有机体，人的各个侧面也是相互影响的，只有这些相互影响的侧面结合到一起，才构成一个活生生的人。

从这个意义上来讲，我们需要综合性地看待问题。学术的研究只见树木不见森林不行，只见森林不见树木也不行，应该既见树木又见森林，既关注具体问题，又关注其背后的社会和人文基础。这就像是西医跟中医的关系，西医是精密严谨的科学，把人作为细胞的结合体来研究，但是中医也有它存在的价值，它有一个总体格局，将人作为一个有机体来调节。这种总体观、综合观对于我们研究社会现象，包括研究经济现象，是不可或缺的。

从学科发展和学术价值来讲，工具与思想不可偏废，理论和现实不可割裂。现在在社会科学领域，特别是在经济学领域，有一种工具主义泛滥的现象，思想却越来越匮乏。现在的经济学博士基本学的全是方法、工具，高级宏观、高级微观、高级计量把他们搞得焦头烂额，以至于他们都没有精力和时间去关注社会，更没有精力和时间去关注现实经济。于是，在做论文的时候就出现问题了：他们只会用数据去"跑回归"。但是，他们应该研究什么问题呢？学生往往想不出问题。我经常对我的博士生说，我给他们的问题是我的思考，这些问题可能有点偏旧了，他们需要根据学科的前沿，根据经济的现实找到新的问题。但他们由于缺乏思想的训练和对现实的关注而找不到问题。

其实经济学的问题一定是从丰富多彩的经济现实中找到的，当今中国经济社会发展变化如此剧烈，其中有多少值得研究的问题啊！但是我们的同学往往不是不愿意，而是不知道从哪儿入手去发现问题、选择问题，他们不知道既有现实意义又有学术价值的问题是什么。

前段时间，我参加博士生的学位论文开题，一个学生说他的问题来自去年美国杂志上的一篇文章，大家都在研究那个问题。但是，那是美国人根据美国的经济现实提出来的，那个问题在中国并不一定重要，我们不能跟着美国刊物的文章来找问题，我们要根据中国的现实找问题。我们的问题不是从书本里来，不是从外国的杂志里来，而一定是根据中国与世界经济的关系，从中国自身来的，这就是经济学的社会关怀、人文情怀的学术价值。与此相关，国家这几年也一直强调我们要立足中国大地做学问，要脚踏实地展现中国的学术。中国是一个主体文明，不是从属于西方文明的小国家、小文化。有的国家的经济学研究排名很靠前，但是其经济学没有产生什么实质影响，因为它是一个很小的经济体，以至于没有多少特有的经济问题，于是，它就跟着美国人做研究。但是这种方式不适用于中国，中国是一个具有主体性的非西方文明，换言之，中国是一个历史悠久的大国，自身有很多特有的问题、表征和形式。中国特色的东西确实是存在的、是客观的，中国的问题跟欧美的问题存在很大的不同。

当今世界，基督教文明拥有巨大的影响力，但它毕竟不是全部文明的总和，中华文明框架下的中国社会、中国历史需要我们从中国的角度出发，站在中国的土地上、在中国的文化背景下来做研究。经济学本身是西学，是英美的学问，传入中国，我们就更需要注意它的中国化，而中国化需要我们的社会关怀、文化关怀与人文情怀。

因此，既然问题来自真实世界、现实世界，那学者们就更应该把研究做到生动的现实世界中去。这些年也有这样的趋势，经济学越来越讲究田野调查，研究企业的学者到企业去，研究农村的学者到农村去，去跟别人聊天，以此了解真实的情况，而不是仅通过一些数据来研究问题。有些学科我觉得有很好的学术传统，比如说社会学。北大社会学系的费老——费孝通先生，他的《江村经济》当年对我们的影响巨大。另一位社会学大家林耀华先生，他的著作《金翼》也产生了巨大的影响，他以写作小说的方式写社会学著作，对福建的家族经济进行了真实的分析和考察。因此，我向来鼓励我的学生去实践，只要有机会就要去调研，去了解现实，不能只在电脑上跑数据、做回归。的确，当今做数据回归有助于发表好文章，但是我认为，我们提出问题、贡献思想的成果与通过做数据回归写出文章至少同样重要。

北大为学子们提供了最好的条件和最大的可能性

王跃生：第四个问题，是我的理解与感触。根据我在北京大学学习、工作40多年的经验，我觉得北大为同学们、为学者们提供了最好的环境和条件，提供了各种可能性来实现我们的人文情怀和社会关怀。不管你在什么学科，北大都为你提供了实现综合性、交叉性的条件。比如大家都知道北大具有多学科的优势，经济学界常说中国是全球产业链最完整的国家，囊括了40多个经济门类，只有中国所有的工业门类都不缺，如果仿照这个表达方式，那我们北大至少在国内是学科门类最完整的学校之一。文、法、理、工、农、医，想学历史就学历史，想学经济就学经济，这就是北大的多学科优势。

另外，北大也注重交叉学科的发展以及人才培养。早在林建华校长在任时，我就参与过相关工作。当时提出了两个研究方向：一个是区域国别研究，这是一种综合性的研究，从"一带一路"沿线不同国家和地区的政治、经济、文化、历史、地理、语言、宗教等方面入手，了解这个区域后再做出点名堂，北大提供了这种可能性；另外一个是"医学+"。如今这两个领域发展得都很不错。北大的元培学院更是一开始就为同学们提供了培养综合性的基础，文科实验班、理科实验班的同学在具备综合素质的基础之上再在某一个方向上发展。北大这些年又提出"新文科"，即文科、理科、工科相交叉。每年寒暑假，北大团委、各个院系还鼓励和组织学生加入支教团、调查团、扶贫团等。所谓"读万卷书，行万里路"，对你们来讲这些东西能够增长见识，是你们个人成长、开拓思维、开阔视野的重要途径，所以得去了解、去实地观察。

以上就是我对于经济学的社会关怀、经济学者的人文关怀的理解，主要是我自己的一些想法、漫谈，没有什么正确与否的价值判断。

经济学不能离开对现实问题的关注

学生：老师好，我是来自化学与分子工程学院的二年级本科生。我觉得您这个讲座的内容非常契合我最近的一些想法,就是经济要切合现实生活。我最近在上国发院(北京大学国家发展研究院)的"中宏"(中级宏观经济学)课程,感觉它非常脱离现实,所以今天这个讲座对我的影响真是非常大。西方经济学的基础理论以效率为目标,比如科斯定理,追求效率的自由分配,但是在这个过程中不可避免地会损失平等。我在"中宏"里学到,个人的收入里还要加上企业利润,但是我不太认可,这种观点没有对各个社会阶层的人进行个性化的分析,所以我的问题是:在基础理论层面,是否可以既不以效率为目标,又不至于落入过于绝对的平均主义导致丧失发展动力的窠臼?

王跃生:这个问题关乎对效率与公平的争议。经济学关注效率,要求有限资源生产出尽可能多的财富。它的本意如此,至于生产出财富以后给谁、怎么分配,在经济学看来,这是另一个问题。你不能要求经济学什么都做,经济学只在乎在资源的约束条件下,生产出尽可能多的社会财富。至于这财富分配给谁,是给资本家、给工人、给政府还是给其他主体,那是第二个层次的问题了。经济学一般这样来看待这个问题,因为不同学科有它的分工,但经济学毕竟也是社会科学,离不开价值判断,所以经济学从来没有有效地解决公平与效率的问题。目前,还没有一个特别好的解决公平与效率矛盾的办法,美国有美国的做法,中国有中国的做法,只能慢慢摸索。

但我想说的是,即使经济学不管分配问题——那是政治学的任务，经济学只管生产，而实际上，经济学也不能离开对现实问题的关注、对人的关注，经济学也要分析马克思主义讲的生产关系，人们在生产中的地位、在生产中的关系。经济学不是自然科学，不是一个纯粹的物质变换过程。经济过程中需要人的劳动，人人都参与其间。无论是用电脑编程，还是挥锹挥镐进行劳动，都需要人的参与，人在其中的表现和行为是影响效率的。它不仅影响分配，还影响生产。如果能够找到一种恰当的制度，让大家非常乐意、主动、尽心尽力地工作，产出的物质资源将会很多；如果没有一套合理的制度，所有人在生产过程中得过且过、应付差事、投机取巧等，那同样的资源产出的财富就会很少，这种行为仅靠人去监督是不可能从根本上改善的。所以，制度设计、制度安排不仅影响公平，也影响效率，而这个问题是经济学回避不了的。

有效的社会调查需要树立问题意识

学生：我们应该如何去进行一个有效的社会经济调查？

王跃生：怎样进行有效的社会调查，国发院那边做的比较多，国发院的一个优势就是它的智库身份，所以它对现实更关注，调研会更多一点。无论是到企业、到工厂、到农村，还是到其他任何地方去，怎么样使你的调研更有收获、有最大的效益呢？前提是要做好功课，一定要带着问题去调研，调研不是走马观花，不是看风景。你一定要关注一个问题，比如农民是到城里去打工，还是回到乡村去务农，其背后的机制是什么。假设现在有一个农民工从城里回到乡村的机制，那你一定要把相关的劳动力流动的理论、分析框架等搞清楚，这样你才能通过访谈也好、问卷也好，跟他们一起聊天也好，接触到真实性，而且要有一定的数量做基础才有代表性。你带着这样的问题去，这个调研可能就会产生比较好的效果，也就能跟我们所研究的问题联系起来，不能是理论和调研两张皮。

以国际化视野回答中国问题

学生：老师您好，我是现代农学院二年级的直博生。我们学习的过程中经常在追随国外的一些顶级期刊，因为这个期刊本身可能发文质量较高，用的方法比较严谨，但就像您说的，它关注的问题可能并不是我们在中国实际中需要研究的问题。您觉得在这方面对培养中国的经济学者需不需要做一些改变？还有一个问题是：我们是否需要在西方已经建立的这种经济学理论框架之下，借助它们的平台发出我们自己的声音？想听听您的建议，谢谢老师。

王跃生：这两个问题都很好，它们实际上也是互相关联的。就经济学来讲，确实有你说的这种情况，国外的顶级期刊水平高，分析逻辑严谨，方法先进……这些我们必须承认，必须虚心地学习、接受。但最主要的问题是，它所关注的问题未必对于现在的中国是很重要的问题，那些问题在中国可能也存在，但是不那么重要。你想去研究那些问题也可以，但我们还有很多特别明显、特别重要、特别有意义的问题，等待着大家去研究。

我举个例子：国际贸易理论里有一个所谓新新贸易理论，也就是异质性企业贸易理论。有时候我去国内一些学校参加他们的讨论，很多年轻的老师包括博士生，基本上言国际贸易必新新贸易理论，这都是跟着美国贸易理论的潮流在走。异质性企业贸易理论研究什么呢？假如有1万家企业，其中：生产率最高的那些企业，可以进行海外投资或者出口；生产率中等的企业，只能在国内进行贸易；生产率最低的一些企业甚至会被淘汰。什么样的企业能够进入国际贸易？有的企业生产效率高，有的企业效率低，这就是异质企业。从这个角度来讲，我经常告诉这些年轻的老师和同学，这个问题没错，现在很时髦。这个问题在中国有没有意义呢？有意义，但不是最有意义的问题。中国的贸易大发展中，问题成千上万，我们至少能找出10个比这个问题更重要的问题需要研究，而异质性企业贸易理论是在美国那样一个具有非常成熟的制度和企业变化稳定的情况下，用于甄别哪些企业有什么样行为的理论。我们中国的制度变迁非常大，企业的生产率也受到很多因素的影响，市场也并非纯粹统一，垄断因素长期存在，在这样一些情况下，中国企业的贸易行为选择比美国复杂得多，绝对不能照搬美国的做法。国外这些顶级期刊虽然学术水平高，我们都要学习，但是它的问题可能是跟我们中国的问题隔着一层，我们要做的是从理论中借鉴其分析问题的角度和分析方法，包括数据处理的方法，然后找出中国的问题，运用这些方法写出高水平的文章。

现在经济学研究的一个缺陷就是我们的学者——我指的是以中青年为主的学者，他们的文章题目都是"Evidence from China"，基本就是把美国问题找一个中国证据，这个是典型的学术上的殖民地心态。他们为什么这么做呢？他们当然也有自主的思维，但是这么做更容易为国外的刊物所接受。这就是你说的第二个问题。一方面，"Evidence from China"这个东西跟他们讨论的主题一样，你来自一个发展中国家、社会主义国家，你的这个数据对于他们证明他们提出的原理的普适性可能有价值，所以人家愿意发表你的文章。另一方面，如果你提起一个中国话题拿到人家刊物上，人家就不愿意接受，会认为没有学术意义。

所以，这对我们来讲确实是一个难题，短时间内没办法完全解决。我觉得有两种路径可以尝试。一种是，我们可以接受人家的方法、视角，逐渐把中国的话题引进去，逐渐按照人家的视角、原理、方法写出高质量的、研究中国问题的文章。另一种是，我们还是要有一些自主性，相信我们国内的好刊物一样可以做出好文章。这两年的评价体系也有些变化,虽然我们重视在国际大刊上发论文,但是对于在国内顶刊上发表文章,现在也给予比较高的评价了。随着这样一种调整,我觉得我们的学术自主性、独立提出问题的能力也需要不断提升。我们要有独立设定问题的能力、设定学术研究主题的能力。当然,这种能力的培养也离不开一定的规范和国际上通用的一些方法、基础知识等的掌握,需要长期的积累。

以经济学原理解答中国问题

学生: 老师您好,请问"建设全国统一大市场"这个效率优先的政策里有没有一些关于人文关怀的考量?

王跃生: 统一大市场这个政策的出台,当然有其深刻的现实背景。其中一个比较大的背景就是前几年国家提出了以国内大循环为主体的"双循环"战略。之所以提出双循环,就是因为中国意识到,如果对美国或者其他一些发达国家在经济上过度依赖,可能会在未来的发展中陷入被动,因为中美的结构矛盾不可避免。我们在技术上对人家的依赖,在市场上对人家的依赖,是中国经济发展的弱点。至于市场也一样,因为我们的产能和消费水平严重不匹配,我们在很大程度上依赖国外市场,特别是发达国家市场。在中美之间所谓大国博弈、21世纪的大国竞争的背景下,全球化的分化是一个必然趋势。党中央认为,在这一背景下我们还是要坚持对外开放，参与国际循环，但我们要以国内大循环为主体，这是当时提出双循环的背景。我们要依靠国内技术、国内产业链、国内市场来支撑中国经济的发展。

针对我刚才说的弱点，现在提出建设国内统一大市场，实际上就是针对双循环的国内大循环，必须延长国内产业链，提升国内的创新能力，扩大国内的广大内需市场。以这种目标为导向，如果到处充满垄断，到处遏制创新，到处充满市场割裂，各个省份之间甚至都有森严壁垒，怎么可能形成中国统一大市场？没有中国统一大市场，怎么来的国内大循环呢？

我们就是要打破这样的行政性垄断、行政性割据，打破市场竞争中的垄断和市场环境的不公平，包括价格的不一致、要素市场的不开放、国内价格的不统一等等。只有建立了一个制度完整、市场开放、公平竞争的统一大市场，才有可能由此形成国内大循环，才可能真正形成新发展格局。我觉得应该从这个角度去理解统一大市场政策的提出。但是具体说哪些方面需要统一，又是另一个复杂的问题了，我们看到的比如市场制度的统一、规则的统一等，基本上绕不开所谓是效率优先还是公平优先的问题。尽管我们提倡以自我循环为主体，但中国由于当前的发展阶段和特点，也离不开国外，特别是离不开发达国家先进技术的支持。从这个意义上来讲，我们还是要坚持对外高水平开放，建立国与国之间统一贸易投资的规则。

学生：老师好。刚刚您提到，有些问题不是经济学家能够解决的，可能要交给政治学家来解决。但是如果是政治学家来解决问题，他可能会传递更多的人文关怀，并且在考量政治的因素后，让问题变得复杂，他可能并不能做出真正对人民有利的事情。包括您提到的我们中国的制度变迁，其实这里面也是含有政治因素的。当年中国改革开放，就是从小岗村的改革开始，之后一步步推进，其中，改革在政治方面也受到了一些阻碍，我们就是在不断平衡经济和政治之间关系的基础上，最终才取得了改革的成果。您作为经济学家，在处理一些问题的时候，怎样看待经济与政治的关系？我之前听过一句话，是说关心时事但不注重政治。我比较想听一下您对这个问题的看法，谢谢。

王跃生：我们念书的时候，20 世纪 70 年代末 80 年代初，我们学的经济学就叫"政治经济学"，当时没有其他经济学。经济学慢慢演化、发展、细化，有了宏观经济学、微观经济学之称，等等。我倒是认为政治经济学的视角是一个有价值的视角，我们学政治经济学的时候，开宗明义，政治经济学就是研究生产关系，生产关系就是人们在生产中、在经济活动中人与人之间的关系。政治经济学研究人与人之间的关系，经济学研究人与物、物与物之间的关系，所以两者是不完全一样的。经济活动不能忽视人的因素。

企业是仅遵从资本家的利益，还是关照所有利益相关者的利益，这是两种不同的企业制度，对企业运营的影响是完全不一样的。

如果仅在国内，或许多少还可以抛开政治因素讨论纯经济问题，那么在国际政治经济关系中，就很难把经济问题跟政治问题分开。中美之间的贸易关系，绝对不是纯粹的经济关系，而是一个政治经济的问题。所以我认为，政治和经济二者不是截然分开的，如果离开了经济分析，仅对国际关系、国际政治进行研究是不透彻的，是浮在表面上的，经济学会让这种分析落地；反之亦然，所有的经济行为和决策也都必然受到政治影响、战略影响。

王跃生与学生合影

微语录

※ 无论经济学如何技术化、数学化、"科学化",它终究是社会科学;它以社会现象而非自然现象为研究对象,它更需要有社会的关怀与人文的关怀,这就是问题的缘起。

※ 我们往往需要从社会的角度、人文的角度、历史的角度、传统的角度、习惯的角度和文化的角度来认知与探讨,这就是我个人所理解的社会关怀与人文情怀。

※ 只有当一个社会趋于稳定、成熟时,才会产生微观的思想,产生量化的思维,产生边际的范式。

※ 学科的细化与分化是自然的、普遍的,但是它不应该排斥学科的综合化和交叉化,两者是并行不悖的。

※ 我们需要综合性地看待问题。学术的研究只见树木不见森林不行,只见森林不见树木也不行,应该既见树木又见森林,应该既关注具体问题,又关注其背后的社会和人文基础。

※ 工具和思想不可偏废,理论和现实不可割裂。

※ 既然问题来自真实世界、现实世界,那么学者们也应该到生动的现实世界中去,把研究做到现实生活里来。

我所理解的北大精神

燕继荣

燕继荣,北京大学政府管理学院院长,教育部长江学者特聘教授,北京大学国家治理研究院研究员、副院长,北京大学公共治理研究所所长。主要研究领域包括政治学理论、国家治理、政府管理、中国政治发展等。出版《中国现代国家治理体系的构建》《现代政治分析原理》《政治学十五讲》等学术著作,组织翻译并出版《民主的模式》《政治科学研究方法》等,发表学术论文、政策评论等文章250余篇。承担多项国家社科基金、北京市社科基金、中国政府部门以及地方政府研究项目。

天下为公
报国情怀
龚旗煌 2021年 3月

回首人生路,与北大结缘四十载

燕继荣:非常欢迎也非常感谢各位同学能够参加今天的茶座活动,一起讨论我们心目中的北大精神。

1980年9月1日,我作为一名本科生进入北京大学国际政治系学习——这是我与北大情缘的开始。当时,国际政治系一年招收70多个本科生,有两个专业:国际政治和国际共产主义运动史,我的专业是后者。那之后,我一直在北大读书和教书,未曾离开,到如今已经40多年了。

在北大的40多年,我始终关注一个话题,那就是政治学基本理论。在这个基本理论中,有不同的流派。我本科是学习和研究国际共产主义运动史的,那是马克思主义的学说,是无产阶级的学说,是革命的理论。大学毕业后,我继续攻读研究生,那时改革开放已经逐渐展开,政治学学科恢复重设,学科建设也慢慢走向完善。我报考了当时新设立的西方政治思想方向,开始研修西方的政治理论,也就是今天我们所说的欧美主流思想,其中最重要的一支是自由主义学说,这当然与马克思主义学说有重大的分歧。如果说马克思主义的学说是关于革命的理论,它主张通过革命消除世界上的剥削、压迫和不平等,那么欧美自由主义的学说从行动方式上讲可能是更保守的,它是有产阶级的学说,有产者的学说一定是反对革命的。所以可以说,我既研究过革命,也研究过反革命。

今天我们讲国家治理现代化,其实也就是讲如何让一个国家长治久安、公平正义,走上繁荣发展的轨道,从而不再需要暴力革命。我在北大40多年,从研究革命的学说,到研究反革命的学说,再到研究如何不再需要暴力革命,这是我学术发展的一条理路。我所理解的北大精神是与我的专业相联系的,如果我们不能把自己的专业学习研究和学校百余年历史积淀下来的精神结合起来,那么"北大精神"的内涵可能只是空泛的几个概念。在北大40多年的时间,我已完全融入北大生活,体会北大点点滴滴的变化,而这些也已经融入我们,成为我们生活的一部分——这是我对北大精神真正的体会。

2021年是中国共产党成立100周年,中国共产党的成立与北大有密切的关系,有一部很"火爆"的电视剧《觉醒年代》表现的就是这段历史。我们知道,北大是有光荣历史和崇高地位的,因此,它总是被人们高度关注,并常被人评论。我们也许会听到有人说"北大已经不是当年的北大了"。我们仔细分析,发现他们实际上批评的是北大的人,这种批评可能来自他们对北大的一种自我定义,他们赋予了北大自己心目中的理解。那些追求精神独立、思想自由和人文关怀的人士,他们盯着北大,因为他们把北大想象成一个圣地——他们心目中的圣地。而且他们的这个圣地是封闭的,永恒不变。而我们经常引用鲁迅先生的说法——"北大是常为新的",北大会随着时代改变而变化,北大精神也随着时代发展而不断地拓展,历史越长,其积淀越厚。当我们赋予一个组织、一个机构以精神的时候,我们一般会采用加法原则,可能最早的精神要素只有一个、两个,但随着时代的变化,会越来越多,加上三个、四个,不断地拓展。这是我个人在方法论层面对北大精神的理解。

我们说北大要守正创新,应该有自己的精神、自己的创新。在不同的时代里,所有北大人都会想我们应该坚守什么、创新什么,这个问题应该放在今天的语境下再去思考。

学生:燕老师好。我听您讲北大精神,从广义上讲,它要从国家的发展角度来理解,或者说,北大精神代表了一代知识分子的群像。我的疑问在于:北大精神与我们通常理解的精神,比如中华民族精神、社会主义核心价值观,它们之间有什么共性、有什么差异,或者说北大精神最大的特质在哪儿?

燕继荣:在我看来,这是一个发散性的问题。我们说北大精神不是一个封闭的精神,而是一个开放的精神,但是我们应该怎么概括北大的精神呢?一个国家或者全体国民的文化、精神肯定有一些底色,然后在不同层面上进一步拓展。社会主义核心价值观就是我们的精神底色,它是我们任何一个人都应该追求的,是一个理想的目标,它跟我们北大精神没有冲突,反而它在北大可能有更大的发展。

那么，北大精神在哪些方面有所发展呢？我个人觉得，主要是自由思考、独立判断、敢于质疑。北大精神底色的基础在这里，在这个基础上我们能一步一步构建新的思想要素。这是我个人的理解。

先贤照来路，红色血脉百廿同行

燕继荣： 讨论北大精神，我想从北大的历史和北大精神的演进开始。北大是中国第一所国立综合性大学。习近平总书记指出，教育兴则国家兴，教育强则国家强。北大的成长和现代中国的国家建设紧密相关。我们可以看到北大在国家发展变化不同时期中的表现。自晚清以来，中国一直在谋求现代化，而北京大学的建立和发展始终与国家现代化同步，所以我们要理解北大的历史，首先应该把它放在中国现代国家发展历史的总背景之下。例如北大的前身京师大学堂，本身就是变革的一个产物。

1898年戊戌变法期间，清政府创建了京师大学堂，也就是北大的前身。这个前身又被称为戊戌大学，它是中国第一所国立综合性大学，它的成立是中国现代高等教育发展的里程碑。今天很多的研究都说，京师大学堂实际上更像清政府的一个衙门。清政府赋予京师大学堂双重身份，它既是全国最高学府，又是全国最高教育行政机关，负责管理其他学校，也就是说京师大学堂既是当时的教育部，又是大学。它既要管理全国大大小小的学堂,又要从事具体的教育工作,具有双重的功能。

1904年,清政府将京师大学堂的行政职能剥离,京师大学堂变成一所纯粹的高等教育学校。1911年,辛亥革命爆发;1912年,中华民国成立。1912年5月,京师大学堂改名为北京大学,并在之前的基础上建立了现代学制,包括今天的文科、理科、工科、社会科学、农科、医科,这些学科基本上是那个时候建立起来的。

北京大学的首任校长是著名的思想家严复。严复做了三件对北大有深远影响的事情:第一,主持了北大的改革,归并科目,规定在校教员需专职教学,不得在政府内兼职,另外开设外语和西学的课程;第二,提出兼收并蓄、广纳众流(后来在严复的基础上,蔡元培把这个思想进一步丰富完善);第三,顶住了当时教育部的压力,保住北大,使北大能继续办下去。为什么呢?因为1912年教育部缺钱,无法支持北大办学,要北大停办,严复很是愤怒。他一边向银行贷款,一边倒逼教育部。最终,当局收回成命,同意保留北大。因此,北大能够延续至今与严复的努力是分不开的,严复功不可没。

1918年,北大著名的历史地标"红楼"落成,我们不妨把北大在这前后的一个时期称作"红楼时期",这是新文化运动、五四运动发生的时代,也是中国共产党诞生的准备阶段。不知道各位同学有没有去位于沙滩的北大红楼参观过，那里保存着很多新文化运动、五四运动时期的史料。北大红楼实际上是李大钊、陈独秀等人最早传播马克思主义和民主科学进步思想的场所，今天它也变成新文化运动的纪念馆。

晚清以来，许多中国知识精英都意识到国家处于危亡之中，他们不忍国家内忧外患。其中，我们肯定要提到蔡元培。1916年12月，蔡元培就任北大校长，转年1月，蔡元培即聘任陈独秀为文科学长，陈独秀又邀请了李大钊加入北大，这样，中国共产党的两位主要创始人都来到了北大，于是北大也就成了新文化运动的一个集散地、马克思主义传播的一个重要场所，实际上这里有蔡元培的功劳。我们经常讲北大精神是"思想自由，兼容并包"，这也跟蔡元培的贡献是分不开的，他办学的基本理念就是"循思想自由原则，取兼容并包主义"。另外一个重要人物就是陈独秀，他创办《新青年》杂志，借此网罗了当时大批先进青年，他对于北大精神的贡献也是非常大的。

下面我们讲讲北大红楼时期的马克思主义研究。众所周知，中国共产党是以马克思主义为信仰和指导思想的革命政党，没有马克思主义的传播，中国共产党的诞生就无从谈起，北大正是中国最初传播马克思主义的阵地，最早在北大传播马克思主义的就是李大钊。我们说没有共产党就没有新中国，而北大在中国共产党的诞生过程中发挥了不可替代的重要作用，这是北大无与伦比的历史地位。

今天去红楼，我们还可以看到"亢慕义斋"，"亢慕义"是当时的革命者对德文共产主义的音译。那时他们还成立了北大马克思学说研究会，之后李大钊在此基础上建立了中国共产党的北京早期组织——共产党小组。因此，北大的"亢慕义斋"可算是中国共产主义运动的一个源头。实际上，北大可以视为先进知识分子精神的重要源流，从救国救亡，到马克思主义的传播探索，都与北大紧密相关。李大钊在北大期间曾做了很多活动，如果我们研究中共党史的话，一定会看得更加清楚、更加清晰。

北大成为建党时期共产主义者最大的"输出地"，毛泽东也是在北大红楼做图书馆助理员时，受到李大钊、陈独秀等人的影响，受到北大家国情怀的鼓舞而树立了坚定的马克思主义信仰。可以说，北大是毛泽东革命生涯的一个重要坐标，也是他传奇一生的重要转折点。

谈到北大精神，还有一个重要的人物一定要关注，那就是鲁迅。鲁迅曾兼职北大教员。他曾说"北大是常为新的，改进的运动的先锋，要使中国向着好的，往上的道路走"，这句话也表达了北大人希望国家往前走的情怀。他还有一个重要贡献就是给北大设计了校徽。

在国内革命战争和抗日战争期间，北大也始终与国家风雨同舟。在这段时间里，北大精神和时任校长蒋梦麟密不可分，他出任校长期间提出"教授治学，学生求学，职员治事，校长治校"的方针，"取中国之国粹，调和世界近世之精神"的教育主张。把中国传统精神和西方科学精神相结合，这后来成为北大精神中的重要内涵。

西南联大是一所很了不起的大学，有很多故事、很多重要人物，也对丰富北大精神做出了重要贡献。1937年，卢沟桥事变，抗日战争全面爆发。北京大学奉南京国民政府的命令，南迁至湖南长沙，之后又与清华大学、南开大学，共同组成国立长沙临时大学。1938年，临时大学又被迫迁到昆明，更名为国立西南联合大学。抗日战争胜利后，1946年，西南联大宣布结束，北大迁回北京。

在北大精神发展的过程中，我们还要提到一位重要的校长——胡适。他在1945年9月被任命为北大校长，1946年正式上任。他在任期间发表演讲，希望教授、同学都能在学术思想、文化上尽最大的努力、做最大的贡献，把北大做成一个像样的大学；更希望同学都能独立研究，不以他人的思想为思想、他人的信仰为信仰，强调独立思考。他说自由研究是北大一贯的作风。自由是学校给予师生的，独立则为创造的，自由是为独立思想提供空间的。

学生： 无论是思想自由、兼容并包，或者是爱国、进步、民主、科学等，都是高扬着的理想主义情怀。但是当下学生中普遍存在"内卷"的焦虑。资源是有限的，每个人都想实现阶层上升和财富自由，因此同学中有很多人缺乏底层关怀或者社会责任感，只想做一个精致的利己主义者。请问老师如何看待这个问题？我们应当如何平衡好北大精神、理想主义与我们面临的现实压力之间的关系呢?

燕继荣:我们不能说某一个时代是纯粹理想主义而完全不是现实主义的。其实我认为任何一个时代或者说任何一个时代的人都有两面性,包括我自己,都是既有理想主义的一面,又有现实主义的一面,这并不奇怪。我们不能因为今天看到了自己的理想主义,就说我已经多么高尚、多么完美;或者因为今天自己在某一个问题上表现出更多的现实主义,就认为我就已经堕落成一个市侩。

我们每个人都是这样的,理想和现实交织在一起,有的时候让我们感到困惑。那么人格的力量在哪里呢?就在于我们可以升华,我们可以通过我们的知识、我们的眼界,超越我们现实的这种困境,达成我们理想的目标,我觉得这是人类发展永恒的主题。并不能说早年的北大人就是一群理想主义者,他们不吃不喝,没有现实的情调,我觉得不是这样的。我们更多地提倡通过自己的努力,一方面让自己得以提升,超越现实的这种困境,另一方面规划好自己的前程,与国家的主流汇聚在一起,这是最关键的。

学生:老师好,我是校史馆的一名志愿讲解员,对北大的发展历程相对熟悉,所以非常喜欢您今天的讲座主题。我们在讲解过程中会面对很多刚刚来到北大的新人,也有一些是来北大参观或培训的社会团体或组织,在为他们讲北大历史时,我自己比较喜欢的一个介绍点就是蔡元培先生提的"思想自由,兼容并包",这也是当时蔡先生的办学思想和学术精神。我想问的是：大学既然要培养人的独立精神，实现思想自由，那么自由的边界应该怎样去设定？我们提倡兼容并包，那兼容是不是也有一个范围？

燕继荣： 你的问题是需要在理论上好好回答的。其实关于自由、包容，在我们政治学理论里有很多的讨论。我们一般说自由就是不受限制，更恰当地说是不受强制，换言之，自由就是不受强制的、你自己做主的一种状态。我们应该对哪些行为予以限制？对哪些又应赋予自由呢？在政治学理论中，我们经常会讲到思想是自由的，但我们的行动是有边界的、有限制的。今天我们对自由的理解已经非常丰富了，我们依然坚守思想的自由，但是言论的自由相对来说要窄一点，再进一步拓展到行动的自由的时候，边界就更狭窄了。也就是说，从最早的理念、想法上，我们不应该加以太多的限制；但是当这些想法表达出来、影响到他人的时候，我们就会赋予一定的限制，比方说我们会限制你不许造谣或传播谣言；再到行动的时候，你要处理跟别人的关系，这时你的行为就不能影响到他人的自由，不能对他人造成伤害。所以我们今天讲自由的理论，或者讨论自由的边界，其中最重要的一点就在于它是否妨害到了他人的自由和利益。密尔的《论自由》讲的其实就是这么一个问题——我们要不要对一个人加以限制，特别是强制的限制，取决于其行为是否会伤害他人，这就是我们说的边界。以此来看的话，我们北大精神中的思想自由，我认为是没有问题的，无论它发展出何种新变化、进入何种新时代，这一点我觉得都是应有的。

至于包容，我们应不应该对其设定边界呢？其实包容指的是我们有包容不同观点的态度，包容并不等于我们没有观点。我们不会认同"奇谈怪论"，但我们也不会采取过度激烈的强制手段去对付"奇谈怪论"，我觉得这样就是包容。当然包容的一个前提是，被包容的观点不应反人类。无论我们怎样强调包容，比如政治包容、宗教宽容，都是有一个限度的，这个限度、底线就是你不能鼓吹反人类的价值观念。

学生：万事万物之间都有"度"的问题，您提到的"守正创新"，也存在"度"的问题。比如说我们在坚持爱国主义的时候，有可能会滋生官僚的作风，我们在努力成为国之栋梁的时候，有可能会产生精致的利己主义，那么，我想请问老师：我们如何在守正的同时处理好创新的"度"呢？我们应如何看待这些滋生出来的问题呢？一个当代的北大人应该怎么样在创新的过程中把握好自己的"度"呢？

燕继荣：理论上说，这个"度"是存在的，但是作为一个人来说，我们并没有一个标准的度量衡，我们用自己的已知很难推导出合适的"度"，我们只能不断地试错。这次试可能没达到，下次试可能又超过了，然后再来一次才能稍稍地调节回来。这也像我们炒菜，这一次盐放多了，下一次可能就要慢慢放、少放点，这跟我们科学实验提倡的原理也是一样的。我们都是在反复试错、反复试验当中成长的。当然，我们的人生有时候不允许我们做这么多次试验。如果我们假设一个人的生命是无限的，那我们就可以做无限次试验，这样我们就不会有紧迫感，不会产生压力；但是我们的生命是有限的，可用来试错的机会不多，所以我们才会非常谨慎、感到有压力。这是我想说的第一点。

第二点，"度"并不是客观世界既定的，而是人们赋予的。今天看来是合适的，明天我们换另外一个角度再看的时候，它可能是另外一种状态，所以它是我们从客观出发得到的主观判断。我们唯一能掌握的是在试错的过程中总结经验，就像一个小孩去触摸火，他肯定会被烫到，这样他就知道下次那个东西不能随便摸，不能随便试。在这种反复当中，我们才能逐渐明晰。其实，真正的问题是：当我们面对如此大的背景时，我们能做出怎样的试验？问题的答案就是根据我们自己的情况来做，从实际出发，实事求是。

守正创新，承继时代重任

燕继荣：新中国成立以来，北大为国家建设砥砺前行，进入一个新的发展阶段。1949年至1950年，短短一年间，毛泽东主席就曾三次致信北大，庆祝北大的进步，并且为北大题写校名——今天的"北京大学"四个字就是毛泽东的题字。此外，时任中央领导人的周恩来、朱德、邓小平等也曾多次视察北大。1952年，中国政府仿效苏联高等院校进行院系调整，清华大学、燕京大学的部分文理科并入北京大学。从此，北大校址迁到我们今天所在的地方（燕园本部）。也是在这一时期，北大为了继承"五四运动"的光荣传统，决定将校庆日从原先的12月17日改为5月4日——北大精神与五四精神愈发紧密相连。1949—1965年间，北大培养了3万多名本科生和2000多名研究生。他们陆续成为国家建设的骨干，其中包括"两弹一星"功勋奖章获得者。

1978年，党的十一届三中全会作出了改革开放的伟大决策。与此同时，北大为国家承续了新的使命，从经济学、法学、政治学等角度为国家现代转型提供了重要的论证。新时代的北大精神也因此具有"守正创新"的特征。

我们很难用简短的几句话来概括北大精神到底是什么，因为不同的时代为之赋予了不同的意蕴。正如蔡元培校长所提倡的"思想自由，兼容并包"，北大精神始终与时俱进。近年来，习近平总书记也曾多次来访北大，他在肯定"爱国、进步、民主、科学"之五四精神的同时，也对广大青年提出了几点希望。为此，我们政府管理学院始终强调"天下为公，报国为怀"，在此基础上融入科学理性、实事求是的时代精神，向时代交上北大人的答卷。

我们回首建校这一百多年,既是中国现代大学风雨兼程、上下求索的发展史,也是一部北大人为国家富强、民族复兴不懈努力的奋斗史。因此,我认为今天的"北大人"不仅仅是北大学生与教职工的代名词,更是中国知识分子的代名词。当我们理解北大精神的时候,狭义地讲,那是曾经在北大生活、学习的人们之精神;但广义地说,它始终与国家发展同频共振,代表了中国一代知识分子的集体形象。

学生: 我是一名哈佛大学的交换生,非常有幸能来听您解读北大精神。您刚刚讲到两个关键词:一个是坚守,一个是创新。我想请教您:在新时代如何坚守与创新以实践北大精神?

燕继荣: 我觉得首先需要明确,哪些是我们应该坚守与创新的东西。我们坚守的应该是人的品性与精神,比如开放、包容;而我们创新的是面对现实问题寻求解决方案的智慧。我们应该追求这两者的结合——这也是坚守与创新的出发点。

学生: 您谈到了北大精神与中国现代化的关系。我想问的问题是:一个国家的现代化是否必须以思想文化现代性为前提?大学精神在现代化方面有什么作用?

燕继荣: 不同的学科视角可能会对这个问题有不同的理解。从哲学角度而言,这类似我们讨论的认知与行动之间的关系。二者之间是一个复杂的互动关系,我们很难说清楚哪个是哪个的前提。但一个大学的使命是通过自己的思想推动社会的进步,所以我们更关心如何创新思想,以培养富有独立精神的人才。

学生: 我是工学院的博士生,平常主要以科研实验为主,相对文科生来讲,那些形而上学的问题思考得比较少。因此想请问老师:我们应当如何在日常生活中更多汲取北大精神?

燕继荣: 不同的人有不同的性格与经历,因此这个问题很难有标准答案。但我认为,尽管境遇不同,一个健全的人格与一些核心的品质,比如正直、诚实、善良、包容等,总会为我们带来宝贵的精神财富以实践北大精神,这也需要我们在生活中不断探索。

燕继荣与学生合影

微语录

※ 蔡元培提倡的"思想自由，兼容并包"是最早对北大精神的概括，它构成了北大的生命线，贯穿北大的发展史。

※ 理想的人格并不是百分之百的理想主义，而是心怀理想，脚踏实地。

※ 北大既应有自己的坚守，也应有自己的创新。应该坚守什么、创新什么？这是每一代北大人都需要思考的问题。

※ 北京大学的建立和发展始终与国家现代化同步，理解北大精神应该将其放在中国现代国家发展历史的总背景之下。北大成立至今的历史，既是一部中国现代大学制度风雨兼程、漫漫求索的发展史，也是一部为国家富强、民族复兴不懈努力的奋斗史。

※ 一百多年的思想启蒙和思想引领、行动认识和行动担当，是北京大学最大的贡献。

※ 北大精神代表着自由思考、独立判断、敢于质疑，这是所有中国大学和中国知识分子都应坚守的精神。"北大人"是中国知识分子的代名词；北大精神早已融入国家的发展，代表了一代知识分子的群像。

※ 思想应是自由的，但言论和行动是有边界的。我们不应限制一种理念或想法的产生，但如果付诸言行影响他人，就应给予一定限制。要确定自由的边界，一个关键因素是看其是否妨害到了他人的自由和利益。

※ 每个人都具有理想主义和现实主义的两面性。人既不因拥有理想主义的一面而高尚，也不因具备现实主义的一面而市侩。人格的力量正在于通过积累知识、拓宽眼界来不断升华自我，超越现实困境，达成理想目标。这是一个永恒的主题。

※ 北大精神是发展的、流动的、与时俱进的。既有经过百余年的积淀、深化而凝结下来的永恒的精神要素，被一代代北大人和社会公众感知和纪念，同时也包含当代北大人共同拥有和参与创造的时代特质。因此，对北大精神的坚守和不断创新，是每一个北大人应有的态度与责任。

※ "天下为公，报国为怀"，要在此家国情怀的基础上，融入科学理性、实事求是的时代精神。我们坚守的应该是人的品性与精神，而我们创新的是面对现实问题寻求解决方案的智慧。我们应追求这二者的结合点。

北大与世界，学术与人生

张海霞

作者小传

张海霞，北京大学信息科学技术学院教授，iCAN大学生创新创业大赛发起人，iCANX Association（国际科学家联合会）发起人，教育部高等学校创新创业教育指导委员会委员。现担任全球华人微纳米分子系统学会秘书长，全球华人微米纳米技术合作网络执行主席，国际电气电子工程师协会纳米技术理事会（IEEE NTC）北京分会主席等。多年专注于微纳设计与加工技术和微能源技术的研究，发表论文300余篇，拥有47项中国发明专利和5项美国发明专利，出版图书十余部。2020年入选福布斯中国科技女性榜，2021年获得纳米能源奖（Nano Energy Award），2022年入选爱思唯尔（Elsevier）中国高被引学者（Most Cited Chinese Researchers）榜单，获得IEEE Distinguished Lecturers（2023—2025）全球杰出讲师等多项荣誉及奖励。

胸怀天下
创造未来！

张海霞
2020.10.23

张海霞： 在世界百年未有之大变局下，面对变化多端、不确定性极强的环境，站在人生的十字路口，许多青年人都感到困惑：这个世界究竟在向何处发展？我们又应该向哪个方向规划？我们的青春到底该怎么度过？……面对复杂的人生，我们很难说去设计，因为设计不了，但怎么去规划，到底往哪个方向走，是值得思考的问题，所以我想从"北大与世界，学术与人生"的角度来谈一谈这个问题。

在北大眺望世界

张海霞： 北大与世界的关联，千丝万缕，源源不断。乾隆五十八年（1793），英国的马戛尔尼使团访华的时候，大家知道他住哪里吗？他就住在北大的勺园，当时叫弘雅园。那是外国使团第一次来华，没有先例，所以双方在礼仪问题上争论不休，更具体一点：当使团见到乾隆皇帝的时候，究竟是该单膝跪地还是三拜九叩？当时英国使团根本没有跪拜的礼节传统，只有见英国女王的时候需要单膝跪地，但是清朝廷认为见皇上就必须行三拜九叩的大礼。为此，双方在弘雅园谈了三个月，这个历史公案就发生在我们现在这个校园里。

马戛尔尼使团来华 100 多年后，华夏大地发生巨变。1898 年 6 月 11 日，历史上轰轰烈烈的戊戌变法开始了，京师大学堂成立，虽然变法最后失败了，但是这座最高学府却留下了，就是现在的北大。所以，北大始终和世界联系在一起，和我们国家、民族的命运联系在一起。北大是中国的，也不仅仅是中国的，更是世界的，但终究还是中国的。

北大人和世界也是紧密相连的。改革开放伊始，有一名从非洲来到北大求学的留学生，从本科一直读到博士，最后回国，当选了他们国家的总统。这个国家就是埃塞俄比亚，这个学生名叫穆拉图·特肖梅。所以说，北大人应该是一直具有世界一流水平和眼光的。

北大学子在世界舞台上有着亮眼的表现。举一个例子，我们的杰出校友、诺贝尔生理学或医学奖获得者屠呦呦先生，我觉得她最出色、最值得我们深入思考和学习的是，她真正做到了中西结合，她用西医的科学方法，提炼出中草药配方青蒿素，使之变成分子结构，转变为可以大批量生产的抗疟疾药物，拯救了无数生命。

这是一个特别好的例子。如何把我们中国优秀的文化和技术与世界上通用的方法相结合，变得让世界理解、认可并且能够造福更多生灵，这是我们亟须思考、尝试和实现的。在这一点上，一部分北大人做到了，而且做得非常好。他们把中国的好办法，无论是历史的、社会管理的还是科学的方法，都变成为世界解决问题的良方。他们从中国出发，真正地改变了世界，同时也用西方的一些好的东西来影响我们，让我们这个古老的国家和民族有更好的发展。屠呦呦先生就是其中一位杰出的代表。

所以，我觉得北大和世界的关系，一定要从两个方面去理解，既不能站在一个非常狭隘的、完全封闭的立场上去思考，也不能跳出中国这个特定的环境去畅想一个大一统的世界。作为北大人，我们应该思考的，就是我们要做什么才能让中国、让世界发展得更好、更有意义。这就要求我们有包容的胸怀，不排斥那些与我们不同的观念，同时我们也要有我们自己的坚持，明白我们自己的根在哪里、我们为了什么而努力。这样，有些困惑就可以迎刃而解。

比如有同学问：我应不应该出国留学？

作为北大人，我们必须更好地了解这个世界，更好地去掌握一些方法，然后解决更大、更根本的问题。这样想，出国留学就不是一个问题，这样的纠结就是没有必要的。

还有同学问：我学了这个专业以后到底能够干什么？

作为北大人，不管你是学什么的都是为了解决问题，为了让人民过上更好的生活、让世界发展得更好的。如果你能够在自己的能力范围内，让周围的人和事变得更加美好，你就取得了很大意义上的成功。

北大人一定要站在高一点的位置上，而不是站位很低，这就是我所认为的北大和世界。

千滋百味，学术人生

张海霞：我看到很多同学已经开始关心学术和人生规划了，总在纠结：学术应该怎么搞、怎么办；怎样去找到最核心的问题；我将来走学术这条路怎么样，不走学术道路又该怎样选择……车到山前必有路，这本不必是让人焦虑的难题。

学术和人生其实并不矛盾，不是你必选或必不选的问题。学术可以是你人生的一部分，也可以不是你人生的一部分，全在于你自身的选择。但你为什么一定要谈学术呢？因为学术教会你的是科学理性的思维方法，这是最重要的。

所有学生，无论你是学理科、工科、文科、社科，还是其他专业的，一定要记得自己为什么要谈学术，是因为学术训练能够让你成为一名专业人士，让你具有真正的科学思维方式，让你成为一个能够掌握一定的科学方法去开展各项工作、解决问题的人。举个例子，五四时期北大的杰出校友傅斯年先生，他在北大学中文，出国留学后涉猎广泛，回国后他创办了中央研究院历史语言研究所（史语所），主持了安阳的甲骨文考古工作以及其他许多重要的考古项目，为中国的历史文化研究做出了重要贡献。他为什么能做到这些？因为他掌握了科学的方法去研究历史。

掌握基本的科学方法，是学术于你的意义所在，而不是说你必须走学术这条路。成为一个怎样的人，并不是你在北大的几年所能决定的。但在北大学习的这段时间里，你可以养成基本的思维方式，用以指导你未来的人生。所以在学习的过程中，无论是学什么专业，一定要把它学好，掌握其中的核心，这是最关键的一环。

总有人问我：老师，你觉得在学术、从政、从商几条路中，哪条路比较好？

对不起，我真不知道。没有哪个专业、哪条道路是真正的好或者不好，它们各有自身优势。想象一下，如果有人对一件事很笃定，知道它的回报率极高，那他一定会毫不犹豫地去做了。你现在之所以感到纠结，就在于你不知道未来的回报率，你有很多的怀疑、担心、顾虑，心中画满了问号。但未来是任何一个人都不能确定的，也正因为不确定，未来才有魅力。对每个人来讲，你的未来都是在你自己的努力过程中一点一点绘就的，而不是被设计出来的。

那么，最重要的是什么？是把握当下，为你的未来做好准备。在学校的时候努力学好专业知识，努力锻炼好自己的能力，这远远比在那里胡思乱想、在湖边徘徊惆怅要有意义得多。我的人生观一向是不要为那些遥远的未来担心，而是要为当下的现实努力。把握能把握的，未来自然不会太差。

把握当下,探寻所爱

学生: 老师您好,我是一名大一新生。我发现自己真的不知道自己的兴趣点在哪里,也没有什么独特的爱好,不知道目前的专业方向是不是真的适合我。您能提供一点建议吗?谢谢。

张海霞: 有一个比喻特别形象。选择专业的时候,你看到的是什么呢?是特别精美的瓷器,千姿百态,色泽万千。但是当你开始学这个专业时,你就成了泥瓦匠、烧炭翁,你在干活的过程中根本看不到瓷器的美——除非你坚持到最后。于是,很多人就会有心理落差,比如你因为崇拜爱因斯坦而学了物理,但你在当下的学习过程中根本无法领略物理之美,更不要说得诺贝尔奖了,这时我们就会纠结,我们就会想这个专业是不是我喜欢的、适不适合我。

其实,这个问题可以先按下不提。先不用考虑这个专业究竟适不适合你,而应该想想你现在能不能适应它。如果通过努力,你能适应这个专业的难度和学习模式,再来看它适不适合你。

面对选择,我们应该做在阳光下感受温暖、笑迎挑战的人,而不能因为害怕、纠结,把自己封闭在一个狭小的角落里。所以我觉得你现在不用迷茫,大学的第一个学期很重要,先把能学好的专业知识学好,体验这个专业的特点后再做决定,这是最重要的。

大胆尝试，聚焦投入

学生：老师，您好！我从中学开始就喜欢目前所学的专业方向，但现在发现自己对历史、地理以及一些体育项目都感兴趣，想要去尝试但又担心这些尝试会挤占我用于学习目前专业的时间，让自己在真正需要投入的领域里流于庸俗。您能为我提供一些建议吗？谢谢。

张海霞：先给你讲一个故事吧。我特别佩服北大天文学系的何子山教授，他16岁进入哈佛大学学习哲学，在求学期间因为听了一位天文学家的讲座，被天文学所吸引，当即决定专门研究天文，他现在是国际顶尖天体物理学家。听起来很顺利、很完美，是不是？其实，真的不是这么轻松的。一个偶然的机会，我得知何教授几乎每周在科研上投入125个小时。125个小时啊！这是怎样的工作量？每周无双休，每天要工作近18个小时。而他说，自从选择了天文学以后，他一直就是这样工作的，因为他喜欢，所以他愿意每周投入125个小时工作。这可能是同学们在高三那一年的学习强度，但是何子山教授一坚持就是几十年！

所以说，所有成就都是努力拼搏出来的。面对强者，我们不用羡慕他多么出色、多么成功，而要看到他的用功、他的坚持。面对真正热爱的事情，必须投入，必须花时间。你现在担心一些兴趣会干扰你对专业的投入，你应该问问自己：为什么？你需要确认自己对现在的专业究竟是不是真的热爱。一直在喜欢的方向学习当然会给你带来乐趣，而现在进入更高的平台，你有了更多的选择，你之前选的专业是不是最适合你？如果是，当然要心无旁骛、全力以赴；如果不是，再探索一下也无妨。

大学阶段是很好的探索阶段，不要过早地下结论，不要绑架自己，但真的发现自身爱好后就要集中投入地去钻研。何子山在转天文学前，也不存在 125 个小时的坚持，找到真正的方向后，工作 125 个小时都不是事儿。你的时间永远都是存在的，只要你想干就有，好好做就好了。别着急，别把自己过早地绑架了，这是我给你的建议。

听从内心，自我选择

学生：老师您好！我对中文比较感兴趣，但家人因为种种考虑，建议我学习其他更实用一些的社科专业。我现在比较纠结，想听听您的建议，谢谢。

张海霞：我觉得对中文情有独钟，是再自然不过的事情。中国文字这么漂亮，又有深厚的底蕴，我们作为中国人怎么能不喜欢？所以，喜欢中文，然后学中文，这本身是挺好的一件事，没什么问题。是不是你学了哪个专业，就意味着你将来会做哪种工作？这并不一定，我个人觉得你不需要担心那么远的事。

作为家长，我也很理解很多父母的这种心态，因为父母特别担心孩子将来万一工作不顺心怎么办，万一发展得不是特别好怎么办。其实后来我发现有些担心太多余了。世界快速发展，我们很难预测未来哪个专业会特别"吃香"，但各个专业需要的综合能力是相通的。对你这个阶段而言，学习你喜欢的专业，打好基础，将来你的社会适应能力就会很强。有很好的文字基础，能顺应这个时代，你想想什么工作不需要你呢？机器人永远写不过你，对不对？因为它的文字不会带有温度。

我对我的小孩说过一句话："你现在已经上大学、成人了，你的所有事情由你来做选择，最后一个咨询的才应该是你的父母。"

我为什么会说最后一个咨询父母呢？因为如果你的理想是到达太阳系，当你和你的同学去讨论的时候，你的理想还能到月球上；当你和你的导师去讨论的时候，你的理想基本上就只能到树梢上；当你和你父母谈的时候，你的理想就跌落到地面甚至是地下了！为啥？因为父母最怕你不幸福、有风险，希望你待在保险箱里——地面或者地下才是最安全的。差别就是这么大！我自己本身也是个妈妈，面对我的孩子的时候，我的内心也是很纠结的，既希望她展翅高飞又怕她经历风雨。但是，作为一名老师，面对学生时，我会轻松很多，我会鼓励学生去追梦，因为我知道：一个梦想飞越太阳系的孩子如果一直冲着它跑，最后不一定能追上太阳，但是他一定有机会飞上月球！所以，要一直飞，千万不要停。

本期茶座现场

微语录

※ 北大与世界的关联，千丝万缕，源源不断。北大人就是要站在从中国影响世界的起点上，让世界因为我而有所不同。

※ 屠呦呦先生厉害的地方在于，她用西医的科学方法研究中医，把中国的东西跟世界的东西结合起来，为世界解决问题。

※ 北大人传承的"德先生"和"赛先生"影响着我们，让我们更好地去影响和改变这个世界，这是北

大人的独特之处。

※ 如何思考北大和世界的关系？我们不能站在一个狭隘的、完全封闭的立场上去思考，也不能跳出中国这个特定的环境去畅想一个大一统的世界。我们要有包容的胸怀，既要不排斥那些与我们不同的观点，也要坚持自己的根基，这是每个北大人都应该有的基本态度。

※ 选择专业时，我们是精美瓷器的欣赏者；而真正学习专业时，我们要安心做泥瓦匠和烧炭翁。

※ 不管你在哪个专业，进入北大以后，你一定要成为一名专业人士，要有基本的本学科的学术思维和科学方法，要能够用它们来解决问题。这是你们在北大要做到的一点。

※ 不管你干什么，都要学习解决问题的能力，要在有限的能力范围内让你周围的人和事变得更好，要让人民过得更好、让世界发展得更好。作为北大人，要站位高一点。

※ 对我来说，学术和人生一点都不矛盾，学术可以是人生的一部分，也可以不是。但我们必须谈学术，因为在经过学术训练后，你才会掌握科学的思维方式和研究方法，这才是最重要的。

※ 人生都是意外和惊喜，未来是任何一个人都不能确

定的,但正是因为不确定,未来才有魅力,也因为不确定我们才有奋斗的动力。

※ 每个人的人生和未来,都不是可以预测或者设计的,是一点一滴构建出来的,这与你的努力直接相关。

※ 不要为遥远的未来担心,忘掉不确定性,努力把想做的、该做的事做好。

※ 对于自己目前的专业感到迷茫时,你要考虑的不是自己喜不喜欢这个专业、它适不适合你,而是你是否适应这个专业,化被动为主动,继续保持优秀。

※ 不要羡慕别人学得多么好、多么成功,要看到人家多么努力、多么专注。

※ 这个世界太大了,有趣的事情太多了,一件事是否适合你,需要去寻找。大学阶段正是探索的阶段,不要太着急,慢慢让自己站稳脚跟。只有付出得更多,才有机会去探索得更多。

※ 在这个快速发展的世界里,专业与未来从事的职业并不是锁定的。如果喜欢就去坚持,不需要对未来担心太多;现阶段学习喜欢的专业,打好基础,才能在未来更好地适应社会的变化。

※ 如何保持源源不断的动力——把目标分解,为每一个阶段树立一个小目标,不断鞭策自己努力前进。

※ 北大是兼容并包的，知识也是交融的，但拓展知识面的前提是扎实的专业基础，对自己的专业建立起基本的了解和完整的认知后，再去扩展、综合其他学科，寻找交叉点，才会有更多收获。

※ 青年阶段是一个人精力最旺盛、最适合学习的阶段，不要"佛系"，因为一旦在这个阶段"佛系"，就会错过很多机会，所以趁现在有这么多的机会，一定要非常努力，成为一个有足够硬实力的人。